ein Ullstein Buch

Geschichte des Sozialismus

Band X

Von 1919 bis 1945

Herausgegeben von
Jacques Droz

François Bedarida
Pierre Brocheux
Georges Castellan
Jean Chesneaux
René Gallissot
Paul Guichonnet
Pawel Korzek
Annie Kriegel
Georges Lefranc
Claude Levy
Yves Person
Roger Portal
Jacques Pouchepadass
Yildiz Sertel
Pierre Vilar

Jacques Droz
Annie Kriegel
Roger Portal

Die sowjetische Welt

ein Ullstein Buch

CIP-Kurztitelaufnahme
der Deutschen Bibliothek

Geschichte des Sozialismus / hrsg. von Jacques Droz. Unter Mitarb. von Roger Portal . . . – Frankfurt/M, Berlin, Wien: Ullstein.
([Ullstein-Bücher] Ullstein-Buch; Nr. . . .) Einheitssacht.: Histoire générale du socialisme <dt.>

NE: Droz, Jacques [Hrsg.]; Portal, Roger [Mitarb.]; EST

Bd. 10: Von 1919 bis 1945 → Die sowjetische Welt

CIP-Kurztitelaufnahme
der Deutschen Bibliothek

Die sowjetische Welt / Jacques Droz . . . – Dt. Erstausg. – Frankfurt/M, Berlin, Wien: Ullstein, 1977.
(Geschichte des Sozialismus; Bd. 10)
([Ullstein-Bücher] Ullstein-Buch; Nr. 3341) Einheitssacht.: Le monde soviétique <dt.>
ISBN 3-548-03341-5

NE: Droz, Jacques [Hrsg.]; EST

Ullstein Buch Nr. 3341
im Verlag Ullstein GmbH,
Frankfurt/M – Berlin – Wien
Titel der Originalausgabe:
Histoire générale du socialisme
Titel des dieser Ausgabe
zugrundeliegenden 1. Teils des
dritten Bandes:
Le monde soviétique
Titel der Kapitel I und II:
Edification d'une société socialiste,
l'U.R.S.S.
La Troisième Internationale
Übersetzt von Henriette Beese

Deutsche Erstausgabe

Umschlagentwurf:
Kurt Weidemann

Printed in Germany 1977
Gesamtherstellung:
Ebner, Ulm
ISBN 3 548 03341 5

Inhalt

Jacques Droz

Einleitung (zu den Bänden X bis XVI der vorliegenden Ausgabe)

Das dominierende Faktum in der Geschichte des Sozialismus zwischen den beiden Weltkriegen war sicherlich der Aufbau eines sozialistischen Staates, der UdSSR, der für die Zeitgenossen einen Gegenstand des Schreckens oder der Bewunderung darstellte. Das wirklich überraschende Faktum bestand darin, daß der Sozialismus sich in jenem großen Staat Europas verkörperte, in dem Ökonomie und Bildung am weitesten zurückgeblieben waren. Die UdSSR mußte »den Sozialismus in einem Lande« aufbauen, und zwar innerhalb einer zutiefst feindseligen Umgebung, mit materiellen Mitteln und mit Kadern, die bekanntlich ungenügend waren. Um den Preis gewaltiger menschlicher Opfer hat sie dennoch einen Typus von Gesellschaft hervorgebracht, in dem nicht nur die Mittel zur individuellen Aneignung der Arbeit eines anderen abgeschafft waren und das persönliche Wohlergehen des Bürgers vom allgemeinen Gedeihen abhing, sondern auch die Anerkennung einer kollektiven Disziplin wurde weit vorangetrieben. Gewiß war die ökonomische und kulturelle Entwicklung des Landes aufgrund der barbarischen Vergangenheit Rußlands, der Bedingungen, unter denen die kommunistische Herrschaft erarbeitet wurde, der ursprünglichen Abwesenheit jeglicher politischer Demokratie von härtesten Formen einer despotischen Autorität begleitet; die Diktatur Stalins brachte Irrtümer und Verbrechen mit sich, die sich gegen den Sozialismus selbst zurückwendeten. Doch muß das räumlich und zeitlich begrenzte Phänomen des Stalinismus von der sowjetischen sozialistischen Erfahrung getrennt werden, die das Erscheinen einer neuen Welt bedeutet.

So jedenfalls wurde die russische Revolution von einem relevanten Teil jener begriffen, die am Ende des Ersten Weltkriegs die Ketten der kapitalistischen Welt zu erschüttern suchten. Dieser Blick der Hoffnung auf Rußland als Vorkämpfer der Weltrevolution ermöglichte es den Bolschewisten auch, die selbst davon überzeugt waren, daß Rußland den Sozialismus nur aufbauen könne, wenn das Feuer der Revolution ganz Europa erfasse, jene Dritte Internationale zu gründen (geschaffen 1919, organisiert 1920), deren Ziel darin lag, die europäischen kommunistischen Parteien um

Sowjetrußland zu gruppieren, damit sie als Speerspitze der Weltrevolution dienen könnten, und, falls diese nicht eintreten sollte, zur Verteidigung der von einer Welt von Feinden bedrohten UdSSR. So wurde die Komintern mit der Bestimmung geschaffen, den europäischen kommunistischen Parteien Direktiven zu geben und deren Durchführung zu sichern. Stalins Theorie vom »Aufbau des Sozialismus in einem einzigen Lande« führte dazu, daß die Sicherheit des Sowjetstaates gänzlich mit den Interessen der Weltrevolution identifiziert wurde und folgerichtig die Interessen der Bewegung jedes anderen Landes der Staatsräson der Sowjetunion untergeordnet wurden, war doch die »monolithische« Organisation des Weltkommunismus das angestrebte Ziel. So mußten die verschiedenen Tendenzen der sowjetischen Politik sowie die Machtkämpfe zwischen den Herren des Kreml rasch auf die innere Entwicklung der nationalen kommunistischen Parteien zurückwirken.

Die Geschichte des Sozialismus unmittelbar nach dem Krieg wurde von zwei offenbar widersprüchlichen Ereignisketten bestimmt: einerseits die unerwartete Konsolidierung der sowjetischen Revolution, der es gelang, die »weißen Armeen« um den Preis gewaltiger Opfer zu besiegen, weshalb sich die Augen aller Revolutionäre Europas auf Rußland richteten; anderseits das Scheitern revolutionärer Bewegungen in Europa selbst, sei es die spartakistische Revolte in Berlin, in deren Verlauf Rosa Luxemburg und Karl Liebknecht untergingen, sei es die Räterepublik in München oder die von Bela Kun in Budapest errichtete kommunistische Regierung. Muß dieses Scheitern der »Unreife« der Arbeiterklasse angerechnet werden, dem »Verrat« der Arbeiterfunktionäre, dem Mangel einer Organisation von »bolschewistischem« Typus innerhalb der Linksparteien? Das Faktum besteht jedenfalls: In allen industrialisierten Staaten Mittel- und Westeuropas fand die kapitalistische Grundlage der Gesellschaft ihre sichere Grundlage wieder, selbst wenn sie gezwungen war, ihr System politischer Herrschaft demokratischer zu gestalten, und wenn die Arbeiterbewegung wichtige Zugeständnisse in der Sozialpolitik erreicht hatte. Kurz, die von Lenin erwartete europäische sozialistische Revolution fand nicht statt. Aufgrund dieser Feststellung wurde nur ein Aufschub notwendig, um die Ankunft des Sozialismus herbeizuführen, wie sich aus Lenins berühmter, im April 1920 abgefaßter Schrift ergibt, *Der Linksradikalismus, die Kinderkrankheit des Kommunis-*

mus, nach der es notwendig schien, die bestehenden sozialistischen Parteien zu potentiellen Verbündeten zu machen und sie in die noch informelle Dritte Internationale hineinzuziehen, die im Vorjahr in Moskau gegründet worden war. Als im Juli die ausländischen Delegierten in Moskau zusammenströmten, wurden ihnen die 21 Bedingungen vorgelegt, denen sie sich unterwerfen mußten, wenn sie in die Internationale aufgenommen werden wollten: Die neuen Parteien, die sich von nun an »kommunistisch« nennen würden, mußten reformistische Elemente ausschalten und bereit sein, sich jener eisernen Disziplin zu unterwerfen, die ihnen im Laufe der vergangenen Monate gerade gefehlt hatte. Der Aufruf der Sowjets fiel auf einen um so fruchtbareren Boden, als infolge der in jüngster Vergangenheit mißglückten Versuche viele ihre Hoffnung nur noch in eine enge Zusammenarbeit mit der neuen sowjetischen Macht setzten. Nach der Rückkehr in ihre Heimatländer votierten die Delegierten, beeindruckt von dem, was sie in Rußland gesehen hatten, für die Annahme der 21 Bedingungen, selbst wo sie im Widerspruch zu den Traditionen der europäischen Arbeiterbewegung standen. Und so kam es, daß beim Kongreß von Halle (Oktober 1920) die Mehrheit der Mitglieder der USPD (des linken Flügels der Sozialdemokratie) beschloß, sich mit der KPD zu vereinen, deren Führer, Paul Levi, sich gerade von den linksradikalen Elementen getrennt hatte, und die daher zu einer Massenpartei wurde; daß beim Kongreß von Tours (Dezember 1920) eine starke von Cachin und Frossard angeführte Mehrheit sich für die Annahme der 21 Bedingungen aussprach, die von Männern wie Blum und Longuet abgelehnt wurde; und daß schließlich in Livorno (Januar 1921), während es Serrati gelang, die Einheit der sozialistischen Partei zu erhalten, Gramsci und Bordiga eine kommunistische Partei gründeten, die der Internationale anhing. Die Spaltung war damit vollendet. Gegenüber den alten Parteien scheint die Dritte Internationale eine starke Macht dargestellt zu haben: Sie verfügte in Deutschland, in Frankreich, in Italien, aber auch in Norwegen, in Bulgarien und in der Tschechoslowakei über legale Massenparteien, in Finnland und in Polen über illegale Gruppen, anderswo über kleinere Gruppierungen.

Indessen sollte man sich keine Illusionen über die Wirksamkeit der neuen Formierungen machen. Ob diese aufgrund besonders günstiger Umstände geschaffen wurden, ob sie ein »Zufall der Geschichte« waren, wie es sich für Frankreich zeigen läßt, wo das Scheitern der Wahlen zur Nationalversammlung und der Streiks von 1920 dem Proletariat keine andere Zuflucht als die enge Zusammenarbeit mit Sowjetrußland ließ; oder ob sie im Gegenteil einem tiefen Bewußtsein der Massen entsprachen, die durch die Erfahrung des Krieges und der Oktoberrevolution tiefgreifend verändert waren; ob der Anschluß an die Dritte Internationale emotional oder rational begründet war: Eins ist sicher, daß nämlich die neuen Mitglieder der Dritten Internationale nur eine recht schwache Kenntnis des Leninismus und der UdSSR überhaupt hatten und oft die Theorie der Sowjets mit ihren eigenen syndikalistischen und zum Anarchismus neigenden Vorstellungen von der Arbeiterbewegung verwechselten; die neuen kommunistischen Parteien trugen oft das Zeichen jener, aus denen sie hervorgegangen waren, und können keineswegs als bolschewistische Parteien betrachtet werden. Diese Kommunisten, die oft recht unterschiedlicher politischer und sozialer Herkunft waren, hielten eine Art von Synkretismus für möglich, der die Lehre der sowjetischen Revolution mit ihrer eigenen militanten Praxis versöhnen würde. Daraus entstanden seit 1921 schwere Enttäuschungen für die Sowjets. Das Scheitern des sächsischen Generalstreiks im März 1921, die Unmöglichkeit, unter doch so günstigen Umständen eine revolutionäre Bewegung zu entwickeln, der sich die Kommunisten im Oktober 1923 gegenübersahen, bewiesen, daß Deutschland, in das die Sowjets lange ihre Hoffnungen gesetzt hatten, nicht der Ausgangspunkt einer europäischen Revolution sein würde.

Seit den Spaltungen von 1920/21 ist die Geschichte des Kommunismus eng mit der der Komintern verbunden, die ihrerseits immer ausschließlicher vom Willen Stalins abhing. Daraus folgte, daß die sowjetischen Machthaber sich das Recht nahmen, die nationalen kommunistischen Parteien als Instrumente der russischen Außenpolitik zu benutzen, ohne den besonderen Interessen der Arbeiter in den verschiedenen kapitalistischen Staaten Rechnung zu tragen. Ob es sich um die Devise der »proletarischen Einheitsfront« handelt, die 1921 in Anbetracht der unmittelbaren reaktionären Gefahr ausgegeben, tatsächlich aber benutzt wurde, um die sozialistische Basis von ihren Führern zu trennen; ob es sich ab 1923/24 um die »Bolschewisierung« der kommunistischen Parteien handelt, die streng gereinigt und sowohl organisatorisch als auch doktrinär einer rigiden Disziplin unterworfen wurden, welche sie der großen Sowjetpartei ähnlich machte; ob im revolutionären Kampf in China um die erzwungene Zusammenarbeit der Kommunisten mit der Kuomintang und der nationalen Bourgeoisie; ob um das, was Stalin im Jahre 1928 die »dritte Periode« nannte, nämlich die kommunistischen Parteien um die von den kapitalistischen Mächten bedrohte Sowjetunion zu sammeln und die Doktrin »Klasse gegen Klasse« zu definieren und damit den »Sozialfaschismus« als virtuellen Verbündeten der Bourgeoisie zu brandmarken; oder ob umgekehrt, wie es im Jahre 1934 geschah, die kommunistischen Parteien aufgefordert wurden, sich mit den Sozialisten auf der Basis eines Programms zu verständigen, das den Kampf gegen den Faschismus an die erste Stelle setzte: In diesen häufig widersprüchlichen Haltungen finden sich immer die Phasen der sowjetischen Innenpolitik wieder: der Abschied vom Kriegskommunismus und der Beginn des NEP; der Kampf gegen Trotzki und die Linksopposition; das provisorische Bündnis mit Bucharin; die Aufstellung des Ersten Fünfjahresplans und die Politik der Industrialisierung; die Befürchtungen, die Stalin angesichts des Aufstiegs des Nationalsozialismus und der deutschen Wiederaufrüstung hegte. Tatsächlich war die Bolschewisierung der nationalen Parteien in erster Linie eine »Stalinisierung«; alle Elemente, die möglicherweise dem Druck des Kreml hätten widerstehen können, mochten sie rechts oder links stehen, »Opportunisten« oder »Sektierer« sein, wurden systematisch ausgeschaltet. Umgekehrt wandelte sich das Vertrauen in den Staat der Revolution zum Mythos von der Unfehlbarkeit der Sowjetunion und ihres genialen Chefs. Die Abhängigkeit der Parteien West- und Mitteleuropas von der Bruderpartei wuchs in dem Maße, in dem ihr inneres Leben und ihr Selbstbewußtsein abnahmen, welche durch die Entwicklung der Bürokratie und des Personenkults zerstört wurden. Waren die politischen Folgen dieser Vereinnahmung der kommunistischen Parteien gänzlich negativ? Zweifellos ging aus diesen Erfahrungen eine kräftig gestärkte Militanz hervor. Für den Augenblick waren die Ergebnisse jedoch katastrophal: In Frankreich erfuhr der Kommunismus bei den Wahlen von 1928 und 1932 einen Rückgang, der ihn praktisch von der französischen politischen Szene verbannte; in Deutschland sollte der unüberwindliche Graben, der zwischen den sozialdemokratischen und den kommunistischen Arbeitern hergestellt war, eine der Ursachen für den Erfolg des Nationalsozialismus werden. Die Kommunisten zeigten sich unfähig, den Faschismus in seiner Komplexität zu analysieren, wenngleich sie ihn als die im 20. Jahrhundert angenommene Form des kapitalistischen Kampfes gegen die revolutionäre Arbeiterbewegung ansahen, als einen der letzten Kämpfe der Bourgeoisie in ihrem Abstieg: eine These, die immer wieder aufgenommen wurde, auch beim 7. Kongreß der Internationale durch Dimitrow, und die im Innern der kommunistischen Parteien nur selten in Frage gestellt wurde, so durch August Rosenberg und August Thalheimer, wie auch durch Gramsci, deren Vorstellungen den Zeitgenossen aber unbekannt blieben.

Die Verwandlung des Kommunismus in eine internationale Strömung, beherrscht von der Komintern und der den verschiedenen Parteien aufgezwungenen Diktatur Stalins, verursachte mächtige Reaktionen, die verschiedene Formen annahmen, aber in der Verurteilung des bürokratischen Systems einig waren, welches das bolschewistische Rußland angenommen hatte. Worin auch immer die Gründe gelegen haben mögen, von Beginn des Bürgerkriegs an ließ sich in der Sowjetunion eine Abnahme der Arbeiterdemokratie und eine Zunahme des vom Proletariat unterschiedenen Apparats beobachten, der die Gesamtheit der politischen Macht an sich zog, die Leitung der Wirtschaft monopolisierte und in den Betrieben Hierarchie und von oben erzwungene Disziplin wiedereinsetzte. In Rußland selbst stieß die Einrichtung staatlicher Autorität auf die »Arbeiteropposition«, die mit Schljapnikow gegen das Eindringen von Elementen protestierte, die dem Proletariat und dem Geist des Sozialismus fremd seien; und dieselbe Geisteshaltung, die sich in der anarchistischen Revolte Machnos in der Ukraine wiederfindet, war auch dem Aufstand von Kronstadt nicht fremd. Doch schon vor diesen Ereignissen wollte die italienische Gruppe »Ordine nuovo«, die in Turin von Gramsci gegründet worden war, die revolutionäre Aktivität auf die Komitees oder Räte in den Fabriken konzentrieren, innerhalb derer die Masse der Arbeiter die vielfältigen Zellen des künftigen proletarischen Staates durch ökonomische und politische Selbstbestimmung schaffen sollte. Von manchen Vorstellungen Rosa Luxemburgs und des amerikanischen IWW angeregt, wurde die »Räte«-Doktrin zu einem der wesentlichen Aspekte des ultralinken Denkens in Europa. Als die Komintern die Radikalen überzeugen wollte, ihre antiparlamentarischen

Vorstellungen aufzugeben, um sich nicht von den Massen zu isolieren, stellten die holländischen Tribunisten, Pannekoek und Gorter, schon frühzeitig die Existenz einer proletarischen Partei überhaupt in Frage und waren mit einigen deutschen Kommunisten aus der Umgebung der KAPD der Meinung, daß Räte eine dem Kampf für den Sozialismus angemessene Struktur darstellen könnten. In dem Maße, in dem die Sowjetherrschaft sich von ihren ursprünglichen Zielen entfernte, wurde die Kritik an den Formen, die der Marxismus in Rußland angenommen hatte, immer offener: In den Augen von Karl Korsch, der 1926 aus der KPD ausgeschlossen wurde, war der stalinistische Etatismus letztlich nur der Schmelztiegel, in dem sich ein »zweiter Kapitalismus« im Dienste einer neuen herrschenden Klasse entwickelte. Wilhelm Reich fügte dem hinzu, daß die in Ausbeutungsgesellschaften geübte sexuelle Unterdrückung eine repressive Moral entstehen läßt, deren Ethik dem Kapitalismus und dem Stalinismus gemeinsam sei (P. Douryi). Innerhalb der Linksopposition gegen den Stalinismus spielte Trotzki, der 1929 aus der Sowjetunion vertrieben wurde, eine wichtige Rolle: Wenngleich er zugab, daß dieser Staat trotz seiner Entstellungen ein Arbeiterstaat und als solcher der Verteidigung würdig sei, analysierte er die russische Bürokratie als Phänomen einer »Thermidor«-Degeneration, dann als »bonapartistischen« Auswuchs der proletarischen Nation. Es schien ihm, daß die kommunistischen Parteien, hatten sie nun wie in Deutschland den Faschismus begünstigt, in dem sie sich systematisch einem Bündnis mit der Sozialdemokratie verweigerten, oder hatten sie danach den Kampf gegen den Faschismus einfach auf das demokratische Bündnis mit den Linksparteien reduziert, in allen Fällen den Beweis ihrer Unfähigkeit erbracht hatten, sich den Aufgaben ihrer Zeit zu stellen. Trotzki sollte nach langem Zögern die Verteidigung der Interessen des Proletariats einer Vierten Internationale anvertrauen. Seine Schüler gingen noch weiter: In seiner *Bürokratisierung der Welt* hielt Bernard Rizzi die neue Ausbeutungsgesellschaft für eine noch schlimmere Form der Unterdrückung als die bürgerliche Gesellschaft selbst: die Arbeiter, der Herrschaft eines Staates unterworfen, der den Gebrauch der Produktionsmittel monopolisiert und über alle Zwangsmittel verfügt, teils an den Betrieb gekettet, teils in ferne Provinzen verschleppt, haben es schlechter als die »Proletarier, die ihre Arbeitskraft auf dem Markt verkaufen«. Ebenso bestimmte M. Schachtman (*Die bürokratische Revolution*) das russische Regime als »bürokratischen Kollektivismus«, der nun für seine eigene Unterjochung durch die Versklavung der Gesellschaft arbeite, was die Verbreiterung des stalinistischen Konzentrationssystems beweise.

Angesichts der kommunistischen Welt rechtfertigten diejenigen, die der sozialistischen Ideologie treu geblieben waren – und sie bildeten bald die Mehrheit –, ihre Haltung, indem sie darauf beharrten, daß die Erschütterung des Kapitalismus nach dem Ersten Weltkrieg letztlich nur provisorisch sei, daß der Bolschewismus unter der Maske des Marxismus nur eine Form des Blanquismus sei und Ausdruck eines »utopischen Volontarismus«, welcher der Geschichte Gewalt antue, daß das Proletariat weder die Mittel noch den Willen habe, eine führende Aufgabe zu übernehmen, und daß es Aufgabe der sozialdemokratischen Parteien sei, ihm verständlich zu machen, der Kampf für den Sozialismus sei eine langwierige Angelegenheit. Im übrigen waren die Ansprüche der Sozialisten gemäßigt und ihre Ergebnisse begrenzt. Selbst in Skandinavien, wo die Sozialdemokraten zu Beginn der 30er Jahre zur wichtigsten Partei wurden, konnten sie wegen eines Bündnisses mit den Agrariern anfangs kaum den Weg zum »Wohlfahrtsstaat« einschlagen, der der große Erfolg der Jahrhundertmitte werden sollte, ohne jedoch die Grundlagen des Kapitalismus zu erschüttern. In Großbritannien, wo Labour zweimal an der Macht war, 1924 und 1929, setzten sie weder eine Gesetzgebung von sozialistischem Charakter in Gang noch unternahmen sie ernsthaft etwas gegen die Privilegien der herrschenden Klasse. Was die mächtigste dieser Parteien betrifft, die deutsche Sozialdemokratie, der es zufiel, die Novemberrevolution von 1918 zum Abschluß zu bringen, so fiel es ihr auch nicht im Traum ein, in der deutschen Gesellschaft Strukturreformen durchzuführen, da sie zu sehr damit beschäftigt war, sich vor der Gefahr zu schützen, die ihrer Ansicht nach der Bolschewismus darstellte, und gegen ihn eine gemeinsame Front mit der alten zivilen und militärischen Verwaltung herzustellen: Es kam tatsächlich so weit, daß die deutsche Revolution mit der Verwandlung der militärischen Monarchie in eine bürgerliche Republik endete, als deren verantwortliche Garanten sich die Sozialdemokraten präsentierten. Weiterhin haben die Sozialisten keine konsequente Analyse der Weltwirtschaftskrise von 1929 zustandegebracht, da sie davon überzeugt waren, das Auftauchen einer »organisierten Ökonomie«, welche die blinden Gesetze des Kapitalismus korrigieren werde, würde eine Art Wegmarke auf dem Weg zum Sozialismus bedeuten: eine Formel, die in der Praxis eine vollständige Inaktivität rechtfertigte. Der bedeutendste sozialistische Theoretiker zwischen den beiden Weltkriegen, der Österreicher Otto Bauer, meinte, die Revolution könne sich auf der Grundlage einer schrittweisen Sozialisierung der Produktionsmittel entfalten, die unmerklich das Privateigentum in vom Staat verwaltetes Eigentum überführen würde, wobei die Anwendung von Gewalt nur aus defensiven Gründen gegen einen Angriff der Bourgeoisie auf die Freiheit der Arbeiter notwendig wäre. Ähnlich vielen Kommunisten haben die Sozialisten die Relevanz des Faschismus unterschätzt, den sie zunächst für eine Randerscheinung hielten, die mit der ökonomischen Rückständigkeit mancher europäischer Länder verbunden sei. Erst als er sich auf Deutschland und Österreich ausdehnte, verstanden sie ihn als Folge der Krise von 1929, die das Großkapital zu einer terroristischen Diktatur über die Arbeiterorganisationen veranlaßte und in den von der Proletarisierung bedrohten Mittelklassen irrationale Reaktionen und blinde Verzweiflung hervorrief. Doch diese Feststellung änderte nichts an der abwartenden Haltung der Sozialisten. Henri de Man etwa, der Autor von *Jenseits des Marxismus* (1927), versuchte eine neue Vorstellung vom Sozialismus zu formulieren, dessen ethische Werte er rehabilitieren wollte. Da es ihm nicht mehr so sehr darum ging, die Industriearbeiter zu gewinnen, deren Zahl infolge der Rationalisierung der industriellen Fertigungsmethoden abnahm, sondern das Proletariat »mit weißem Kragen« – die leichte Beute des Faschismus –, entwickelte er das Programm einer aus zwei Sektoren gemischten Wirtschaft, deren einer frei, der andere nationalisiert sein sollte, wobei beide einem Arbeitsplan unterworfen sein sollten. Dies Programm hatte nicht nur in Belgien, woher de Man stammte, sondern auch in Frankreich, besonders in den Kreisen der CGT, ein gewisses Echo, wurde aber vor dem Zweiten Weltkrieg nirgends in der Praxis angewendet. Verwirrt und erschrocken über die Angriffe der Kommunisten beschränkten die Sozialdemokraten sich trotz ihrer revolutionären Reden auf das parlamentarische Spiel und zeigten den verzweifelten Massen keine Alternative, deren Schwierigkeiten nur durch eine gewaltsame Aktion gelöst werden konnten. Die Sozialdemokratie schaute zu, wie ihre Festung in Preußen zerstört wurde, ohne auch nur zu versuchen, die Massen zu mobilisieren, und trug zur Etablierung des Nationalsozialismus bei. In Österreich mobilisierte sie gegen die Diktatur von Dollfuß allzu zögernd ein Proletariat, das durch andauerndes ängstliches Zurückweichen entmutigt war.

Wenn bis 1934 die unüberwindliche Spaltung der Arbeiterbewegung in zwei große feindliche Blöcke dazu beigetragen hatte, daß der Faschismus eine beträchtliche Stellung in Europa einnehmen konnte, so sollte doch aus dem Übermaß des Übels der Ansatz zu einer Veränderung hervorgehen: In den Jahren 1934–36 entfaltete sich die Volksfront. Zweifellos entsprach die Wendung in der Haltung der französischen Kommunistischen Partei, die den Anstoß zu dieser neuen Ausrichtung gab, den Interessen der Sowjetunion, die nach Hitlers Machtergreifung ihre Außenpolitik neu überdenken mußte, und die Internationale betrachtete diese Entscheidung als letzten Ausweg; doch ist es nicht weniger wahr, daß die Versöhnung zwischen Sozialisten und Kommunisten von einem bedeutenden Teil der öffentlichen Meinung lebhaft gewünscht wurde, und daß manche kommunistischen Funktionäre wie Maurice Thorez bei der Ausarbeitung der neuen Politik mit gewissen Meinungsverschiedenheiten innerhalb der Komintern rechnen konnten, die keineswegs ein Block ohne jegliche Risse war. Die Volksfront blieb jedoch ein Experiment, das sich auf Frankreich und Spanien beschränkte; trotz des Eingreifens von hervorragenden Persönlichkeiten wie Cripps und Laski scheiterte es in England am Veto der Labour-Partei; und es war kaum möglich, die politischen Emigranten zum Verzicht auf ihre alten Streitigkeiten zu bewegen. In der Arbeiterbewegung Frankreichs aber sollte die Volksfront tiefe Spuren hinterlassen: Nach dem Wahlsieg vom Mai 1936, den das Bündnis der drei großen französischen Linksparteien, der Kommunisten, Sozialisten und Radikalen, errungen hatte, konnte die von Léon Blum geführte Regierung in einer von Streiks und Fabrikbesetzungen aufgewühlten sozialen Atmosphäre bemerkenswerte materielle Vorteile erringen (gesetzlich verankerte 40-Stunden-Woche, bezahlter Urlaub, Tarifverträge), die durch die Matignon-Vereinbarungen besiegelt wurden, ohne daß jedoch der offensichtliche Wunsch nach Erneuerung einen revolutionären Willen auf seiten der Massen hätte bedeuten müssen. In Spanien, wo die von gewerkschaftlichen Forderungen getragene Bewegung wesentlich härtere Formen annahm und durch antiklerikale Vorstellungen verschärft wurde, gipfelte die Volksfront in einer gewaltigen Agrarrevolte, deren Erfolge jedoch an den meisten Orten bald zusammenbrachen. In Frankreich, wo die Regierung Erbe einer bedrückenden Vergangenheit in Wirtschaft und Währung war und die Entwertung des Franc nur zögernd und ungenügend durchgeführt wurde, erschwerte die 40-Stunden-Woche zweifellos die Erholung der Wirtschaft, die man sich von der Anhebung der Kaufkraft unter den Arbeitern erhoffte. Zu den materiellen Schwierigkeiten kam die unterschiedliche Ansicht über eine mögliche Unterstützung der Spanischen Republik hinzu, die seit Juli 1936 von einer faschistischen Konterrevolution bedroht wurde. Während die Kommunisten und einige Sozialisten es für richtig hielten, die Republikaner mit Waffenhilfe zu unterstützen, schloß Léon Blum sich der Politik der Nichteinmischung an, unter dem Einfluß sowohl der britischen Pressionen als auch der Vorbehalte der Radikalen. Die Unterscheidung, die er zwischen der »Eroberung« und der »Ausübung« der Macht getroffen hatte, begrenzte seine Aktivität auf die strikteste Legalität, was sogar innerhalb seiner eigenen Partei lebhaften Widerspruch auslöste, wo einige nach dem Mai 1936 »alles für möglich« hielten. Während die Volksfront ihren Standort veränderte und schließlich der Gegenoffensive der konservativen Kräfte unterlag, kehrte die Arbeiterbewegung zu ihren alten Meinungsverschiedenheiten zurück: Das Problem des Widerstandes gegen den Nationalsozialismus führte zur Spaltung zwischen denjenigen, die mit den Kommunisten München für eine Kapitulation mit schwerwiegenden Konsequenzen hielten, und denjenigen – zahlreich in der sozialistischen Partei –, die ihren traditionellen Antikommunismus mit einem im französischen sozialistischen Denken allerdings tief verwurzelten Pazifismus verdeckten. Es war also ein Zustand moralischen Zerfalls, in dem die französischen Linksparteien in den Zweiten Weltkrieg eintraten. In Spanien waren die Gegensätze nicht weniger heftig gewesen, aber mit schlimmeren Folgen: Wenngleich die Internationalen Brigaden eine einzigartige Verwirklichung des proletarischen Internationalismus darstellten, so wurde doch im spanischen Krieg der grundlegende Gegensatz zwischen den anarchosyndikalistischen Elementen, die besonders in Katalonien in der POUM Einfluß hatten, und den Kommunisten sichtbar, die eine vorübergehende Begrenzung der Revolution auf die Verteidigung der Verfassung für notwendig erachteten, und deren Aktivität um so erfolgreicher war, als die Sowjetunion der einzige Staat war, der die spanischen Republikaner wirksam unterstützte.

In einer sozialistischen Bewegung, die schon durch die Frage der Haltung gegenüber den Faschismen gespalten war, mußte der deutsch-sowjetische Vertrag vom August 1939 die Spannungen verschärfen, zumal von dem Augenblick an, als der ausbrechende Krieg von der Komintern als »imperialistisch« bezeichnet wurde. Die den Kommunisten gegebene Losung, sich nicht einzumischen, erschien einigen »schwer zu begreifen und noch schwerer zu befolgen«; sie verbannte die Parteien in den Untergrund. Was die Sozialisten betrifft, die durch die Moskauer Prozesse ohnehin in ihrem Antikommunismus bestärkt wurden, so hielten sie den deutsch-sowjetischen Pakt für eine Rechtfertigung ihres Neutralismus und Pazifismus, für den sich Henri de Man in Belgien offen aussprach.

Der Zweite Weltkrieg sollte die Machtverhältnisse zwischen Kommunismus und Sozialismus tiefgreifend verändern. In den Ländern, wo sich der sowjetische Einfluß ab 1944 ausbreitete und keine Reaktion der westlichen Länder erfolgte, übernahmen die Kommunisten auf dem Weg über Volksfronten die Macht. In den Ländern Westeuropas hatten die Kommunisten, welche Irrtümer sie auch im Anschluß an den deutsch-sowjetischen Pakt begangen haben mochten, durch das Ausmaß ihrer der Sache des Widerstandes erbrachten Opfer die Feindseligkeit überwunden, die ihnen vor dem Krieg entgegengebracht worden war, und breite Bereiche der öffentlichen Meinung erobert, zumal in intellektuellen Kreisen und unter der Jugend. Überdies hatte der antifaschistische Kampf unter den Kommunisten selbst ein gewisses Nationalgefühl gestärkt, so daß, vor allem nach der Auflösung der Komintern im Jahre 1943, die Überzeugung bestand, es gebe einen »französischen« oder einen »italienischen« Weg zum Sozialismus. Daß die kommunistischen Parteien sich in den verschiedenen nationalen Gemeinschaften auflösen müßten, war die Ansicht des amerikanischen Kommunisten Earl Browder, der nach der Konferenz von Teheran verkündete, von nun an könnten Kommunismus und Kapitalismus friedlich koexistieren, und die Auflösung seiner eigenen Partei bekanntgab, die durch eine amerikanische kommunistische politische Vereinigung ersetzt wurde (1944). Das Beispiel wurde in Europa nicht nachgeahmt, doch die verantwortlichen Funktionäre der kommunistischen Parteien gaben sich größte Mühe, den Massen die Befolgung eines »hohen Nationalbewußtseins« nahezulegen. Genügte diese Entwicklung indessen, das tiefe Mißtrauen zu zerstreuen, das sich in zwei Jahrzehnten angesammelt hatte? Ein Mann wie Léon Blum meinte, daß nichts ohne die Kommunisten geschehen könne, aber auch, daß keineswegs bewiesen sei, sie seien nicht mehr »die Partei des Auslands« in Frankreich. Im Jahre 1944 wünschten die Sozialisten, gegenüber den Verfechtern der »Aktionseinheit« ihre politische Unabhängigkeit zu bewahren.

Hat der Zweite Weltkrieg schon in Europa die Machtverhältnisse zwischen sozialistischer und kapitalistischer Welt spürbar verändert, so ist dasselbe Phänomen in der außereuropäischen Welt noch wesentlich deutlicher sichtbar, wo eine zweite große kommunistische Macht entstand, China, und sich insbesondere in Südostasien die Perspektiven einer eng mit dem Willen zu nationaler Unabhängigkeit verbundenen sozialen Befreiung abzeichneten.

Der Fortschritt des Sozialismus, der nach dem Ersten Weltkrieg ein weltweites Faktum wurde, stieß jedoch fast überall auf heftige Widerstände, sowie auf die Macht des kulturellen und sozialen Erbes, das viele kolonialisierte Völker nicht vergessen hatten.

Zunächst ist festzuhalten, daß es der Dritten Internationale nie gelang, eine wirklich konsequente Lehre über die Kolonialkämpfe zu formulieren. Schon bei ihrem zweiten Kongreß hatte die Komintern die hervorragende Rolle der kolonialen Befreiung innerhalb der Weltrevolution verkündet; und dennoch glaubte Lenin, die These des indischen Kommunisten Roy nicht akzeptieren zu können, nach der die Revolutionen des Ostens vor denen des Westens den Vorrang haben würden; vielmehr war gerade die von dem Tataren Sultan Galiev geführte Bewegung liquidiert worden, der auf der Rolle der proletarischen islamischen »Nationen« bestanden hatte. So hatte sich in Wirklichkeit eine sehr »eurozentristische« Doktrin durchgesetzt, die auf die unmittelbaren Interessen der UdSSR fixiert war und das Prinzip der »Selbstbestimmung« der der Kolonialisierung unterworfenen Völker erst an zweiter Stelle verfolgte. Dies hinderte allerdings die Komintern nicht daran, die kommunistischen Parteien in den kolonialen Kampf einzubeziehen, insbesondere die KPF seit dem Rif-Krieg, und im Jahre 1927 in Brüssel einen Kongreß der *Liga gegen den Imperialismus* zu organisieren, dessen Ziel es war, die Bewegungen der nationalen Befreiung mit den sozialistischen Bewegungen in den der kapitalistischen Ausbeutung unterworfenen Ländern zu koordinieren. Seit der »dritten Periode« (1928) erzwang die politische Linie die »Arabisierung« zahlreicher bodenständiger kommunistischer Parteien, in Palästina, in Ägypten und in Syrien, wobei die palästinensischen Kommunisten die Hauptrolle in diesem Prozeß spielten. Die antiimperialistische Orientierung wurde ihrerseits abgebrochen, als die UdSSR sich von 1935 an der Bildung von Volksfronten zuwandte, die Verständigung mit den westlichen Demokratien gegen den Faschismus suchte, selbst wenn der antikolonialistische Kampf dafür aufgegeben werden mußte, und so weit ging, die Zusammenarbeit der Kommunisten mit den Kolonialverwaltungen hinzunehmen. Diese Politik hatte schwerwiegende Auswirkungen, konnte sie doch, insbesondere in Nordafrika, zum Bruch zwischen sozialistischen und nationalistischen Bewegungen führen, welche gegen die Hinnahme der kolonialen Situation Widerstand leisteten. Ein anderer negativer Faktor: Der Sozialismus war lange Zeit ein Produkt kolonialisierender Völker, die daher eine tiefe Verachtung für die Unabhängigkeitsbestrebungen der Eingeborenen zeigten und sich in einer Haltung der »Apartheid« verschanzten. Der Brief der kommunistischen Sektion von Sidi-bel-Abbès in Algerien ist oft zitiert worden, der jede Erhebung der moslemischen Massen ablehnte, weil sie »eine Reaktion auf ein von der Geschichte bereits verdammtes politisches, wirtschaftliches und gesellschaftliches Stadium« sei. Vom eigenen Kampf um ihre Forderungen an die kolonialen Autoritäten und »wichtigen Leute« völlig in Anspruch genommen, blieb den sozialistischen Parteien, zumal im französischen Nordafrika, die nationale Frage fremd. Besonders bezeichnend sind die Tatsachen im englischen Südafrika, wo die sozialistische Partei sich unablässig gegen eine Vermischung der beiden Gemeinschaften aussprach und die kommunistische Partei, die der schwarzen Bevölkerung offener gegenüberstand, von der Dritten Internationale verurteilt wurde. Unter diesen Bedingungen ist es nicht erstaunlich, daß die eingeborenen Arbeiterführer sich eher am Nationalismus als an den sozialistischen Parteien orientierten. Im Maghreb ließ die Vorherrschaft des arabischen Nationalismus der kommunistischen Bewegung nur einen bescheidenen Platz, die sich fast nur dort im eingeborenen Milieu halten konnte, wo sie von einer starken gewerkschaftlichen Militanz unterstützt wurde. Im Anschluß an den Sieg der Volksfront verkörperte der Nationalismus sich in Algerien in der proletarischen Strömung des »Nordafrikanischen Sterns«, geführt von Messali-Hadsch, der nachhaltig in den proletarisierten Massen der Großstädte verwurzelt war; aber es waren traditionalistische Kräfte, die die Unabhängigkeitsbewegung in Marokko lenkten, und in Tunesien führte ein kleinbürgerlicher Neo-Destour den Kampf gegen die koloniale Unterdrückung an.

Dem Eindringen des Sozialismus standen schließlich lokale Denkformen und Traditionen entgegen, die die vom Sozialismus getragene Forderung nach Gleichheit zurückwiesen. Dies Phänomen ist insbesondere in Indien spürbar, wo einerseits die Führerschaft Gandhis praktisch jegliche Übernahme neuer Ideologien verhinderte, und wo andererseits das Weltbild, von der Kastenherrschaft und dem hierarchischen Geist des Hinduismus bestimmt, das auch in den arbeitenden Klassen noch wirksam war, diese für ein Eindringen der sozialistischen Lehre unzugänglich machte. Die Kraft der vertikalen Solidarität zwischen Herr und Knecht stellte sich hier der Entstehung von Klassenbewußtsein entgegen. Überdies band der Kampf gegen die mit dem europäischen Imperialismus verknüpfte kapitalistische Herrschaft die Massen an ihre religiösen Glaubenstraditionen, die sie nun als eine Ganzheit von Werten erlebten, welche ihnen zumindest auf der geistigen Ebene ihre Identität gegen die fremde Überflutung bewahren half. Dies machte sich insbesondere in der islamischen Welt spürbar, wo der Respekt vor den nationalen Traditionen die Gestalt eines ideologischen Bollwerks gegen jede revolutionäre Veränderung annahm und infolgedessen gegen das Eindringen des Sozialismus ausgebeutet werden konnte. In Schwarzafrika traten ähnliche Befürchtungen zutage: Sowohl der anglophone Padmore als auch der frankophone Kouyaté, beide der panafrikanischen Bewegung verbunden, beide zu einer gewissen Zeit ihres Werdeganges der Komintern nahestehend, meinten, daß der Marxismus Afrika zu dienen habe und nicht umgekehrt, und wiesen jede Verschmelzung der Kulturen zurück, wie sie von westlichen Sozialisten propagiert wurde. Auf etwas andere Weise stand der Etablierung kommunistischer

Parteien in Südamerika in bürgerlichen intellektuellen Kreisen der »Populismus« entgegen, eine Mischung aus Agrarsozialismus und indoamerikanischem Nationalismus, der den Denktraditionen verwandt war und auf dem südamerikanischen Kontinent die Prinzipien aufrechterhielt, welche die mexikanische Revolution von 1910 geleitet hatten.

Ostasien ist der einzige Teil der Weltkugel, wo der Sozialismus zur Zeit des Zweiten Weltkrieges sich durchgesetzt hatte. Das geschah am Ende eines langen Kampfes: Dreißig Jahre hatte es gedauert, bis 1949 die chinesische Volksdemokratie ausgerufen werden konnte. Während von 1921 bis 1927 die Übernahme der von den Sowjets diktierten Taktik, die ausschließlich die Unterstützung des städtischen Proletariats suchte und die Zusammenarbeit mit der nationalistischen Bourgeoisie pflegte, zur Katastrophe führte, betonte Mao Tse-tung die Relevanz der von jahrtausendelanger Unterdrückung geknechteten bäuerlichen Klasse; um den Preis unvorstellbarer Opfer gelang es ihm, mittels des »langen Marsches«, sich mit seinen Partisanen in Schan Si durchzusetzen. Während des gemeinsam mit der Kuomintang geführten Krieges gegen die Japaner konnte er seine Anhänger auf der Basis einer engen Zusammenarbeit innerhalb der regulären Armee, den Milizen der Selbstverteidigung und der ländlichen Bevölkerung organisieren und sie auf die Guerilla vorbereiten und schließlich, nachdem Japan besiegt war, den Kampf der bäuerlichen Subversion gegen die Kuomintang führen. Der Sieg Maos, der endgültig 1949 stattfand, bedeutet die Vereinigung der ländlichen mit der nationalen Bewegung; und auf dieser Vereinigung gründet sich die »Massenlinie« des chinesischen Kommunismus und seine für China spezifische Form der Demokratie, die die armen Bauern, die proletarischen Arbeiter, die Mittelklassen und die Nationalkapitalisten umfaßte. Und so bestimmte sich ein »chinesischer« Marxismus, dessen Hauptmacht in den ländlichen Gebieten liegt, der die Veränderung der Menschen durch den täglichen Kampf verfolgt, der sich stillschweigend von seinem sowjetischen Vorbild getrennt hat, der aber selbst zu einem hohen Grade die Emanzipation der anderen asiatischen Völker nach sich zieht. Im übrigen haben sich in Südostasien patriotische und sozialistische Bewegungen entwickelt, die sich, nachdem sie die europäischen Kolonialmächte bekämpft hatten, gegen Japan wandten, und die, auf der Basis europäischer »Volksfronten« organisiert, aber ebenfalls auf die ausgebeutete Landbevölkerung gestützt, durch die Guerilla die Unabhängigkeit ihrer Länder anstreben.

Die vorliegenden Bände benutzen wie die vorhergehenden die Staaten als Rahmen für die Untersuchung der Entwicklung des Sozialismus und des Kommunismus auf der Erde.

Band X stellt die Geschichte des »Sozialismus in einem Lande«, der UdSSR, dar. Der Sozialismus wird hier zum einen als Ausgangspunkt der Errichtung einer neuen Gesellschaft betrachtet, zum andern als ideologischer Gehalt einer Politik der Ausbreitung über die ganze Welt mittels der Dritten Internationale.

Die Bände XI bis XIV, dem europäischen Kontinent gewidmet, untersuchen die Krise der Parteien, die den Sozialismus für sich beanspruchen, angesichts des Aufstiegs des Faschismus; sie zeigen, wie sie nacheinander durch ihn, außer in Großbritannien, zwischen 1924 und 1940 auf das Exil oder den Untergrund reduziert wurden; und sie beschreiben, wie sie während des Zweiten Weltkriegs innerhalb der Widerstandsbewegungen eine Renaissance erlebten.

Die Bände XV und XVI zeichnen die Entwicklung des Sozialismus außerhalb Europas nach, in den britischen Dominions, wo er einen den europäischen Formen noch angenäherten Charakter zeigt, auf dem amerikanischen Kontinent, in der moslemischen Welt Nordafrikas, schließlich im Fernen Osten, wo sich eine neue sozialistische Großmacht, nämlich China, herausbildet.

Wie in allen vorhergehenden Bänden sind die Autoren persönlich für die von ihnen geäußerten Urteile verantwortlich. Es werden sich zweifellos voneinander abweichende Interpretationen finden. Wichtiger aber als diese Meinungsverschiedenheiten – muß es noch einmal wiederholt werden? – schien uns die tief verwurzelte Sympathie, die sie alle für die Arbeiterklasse und ihren tragischen Befreiungskampf bezeugen.

Zehnter Band:
Die sowjetische Welt

Roger Portal

Erstes Kapitel: Der Aufbau einer sozialistischen Gesellschaft: Die UdSSR[1]

»Zehn Tage, die die Welt erschütterten«, diese Worte von John Reed stellen sich unwillkürlich ein, wenn man an die Geschichte des alten Zarenreichs nach 1917 denkt. Zwischen den zwei Weltkriegen wurde die wirtschaftliche und gesellschaftliche Basis für einen kollektivistischen Sozialismus gelegt, in zwei Phasen, deren eine den »Kriegskommunismus« umfaßt (1918–1921), die andere die drei ersten Fünfjahrespläne (1927–1941), voneinander getrennt durch die relative Pause der »neuen ökonomischen Politik«, NEP (1922–1927). Diese Periode des – wenngleich unvollkommenen – Aufbaus einer neuen Herrschaftsform, der ersten Erfahrung des Sozialismus auf der Ebene eines großen Staates, nach 1934 von der stalinistischen Diktatur in ihrem Bild verzerrt, wurde von der Katastrophe des Zweiten Weltkriegs unterbrochen.

I. »Kriegskommunismus«. Selbstbestimmung und Verstaatlichung

Der Triumph der Partei

Die bolschewistische Partei errang durch die Oktoberrevolution 1917 die Macht in der provisorischen Regierung. Zum erstenmal auf der Welt begann die gesellschaftliche Erfahrung, in der die marxistische Lehre mit den Realitäten der Macht konfrontiert wurde. Der Aufbau des Sozialismus, einer Etappe auf dem Weg zur Bildung der kommunistischen Idealgesellschaft, war von nun an das unveränderliche Ziel, durch alle Wechselfälle einer neuen Regierung hindurch, die indessen zunächst um ihre Existenz kämpfen mußte, gegen die ausländische Intervention nach dem Frieden von Brest-Litowsk (3. März 1918) und gegen die innere

---

[1] Dieses 1. Kapitel behandelt nicht das Nationalitätenproblem in der UdSSR, das in einem späteren Band wieder aufgenommen wird.

bewaffnete Opposition; die beiden miteinander in ihren Zielen einigen Mächte wurden endgültig erst 1922 besiegt. Seit 1921 jedenfalls übte die bolschewistische Regierung ihre Autorität über das gesamte vom Zarenreich ererbte eurasische Gebiet aus, das jedoch im Westen stark dezimiert war.

So wurde die Regierungspolitik drei Jahre lang den Imperativen des Krieges untergeordnet, der Notwendigkeit, nicht nur eine Armee zu bilden, sondern sie auch auszustatten und zu ernähren, die Städte zu ernähren, und zwar mittels einer autoritären Verproviantierung, einem Requisitionssystem, dem der Name »Kriegskommunismus« gegeben wurde. Im Verlauf dieses erbitterten Kampfes, begleitet von Massakern und Zerstörungen, wurden dennoch einige Grundlagen des Sozialismus gelegt.

Worin lagen nun die unmittelbaren Perspektiven des Sozialismus im Oktober 1917? Und um was für einen Sozialismus ging es? Seine unterschiedlichen Strömungen mochten sich theoretisch in der fernen Zukunft, die der Kommunismus sein würde, vereinen. Die bolschewistische Partei, die die Macht in Händen hielt, und die überdies am besten organisiert, am erfahrensten und am realistischsten war, war doch nur eine der revolutionären Parteien, die einzig durch den Sieg über den Zarismus geeinigt waren. Weder die Menschewisten noch die Sozialrevolutionäre, ganz zu schweigen von den Anarchisten, hatten über die Formen des Übergangssozialismus und über die Mittel, ihn zu verwirklichen, die gleichen Meinungen.

Doch die einen wie die anderen, die zu Beginn der Revolution in den Sowjets zahlreich repräsentiert waren, wurden rasch ausgeschaltet. Indem sie Ende Dezember 1917 eine »panrussische außerordentliche Kommission zum Kampf gegen die Konterrevolution, die Spekulation und die Sabotage« (Tscheka) unter der Leitung von Dserschinski gründete, machte die bolschewistische Regierung der Opposition der Sozialrevolutionäre ein Ende, die im Jahre 1918 vergeblich versuchten, gleichzeitig gegen Lenin und die weißen Armeen zu kämpfen, und danach der Opposition der Menschewiki, die nach und nach aus den Sowjets ausgeschlossen wurden und, zur Emigration gezwungen, seit 1921 jeglichen sichtbaren politischen Einfluß verloren. Zu dieser Zeit war auch die libertäre Bewegung – die vom Bolschewismus am weitesten entfernte – zusammengebrochen, nach dem Kronstädter Aufstand und Machnos niedergeschlagenem Versuch, eine bäuerliche Republik in der Ukraine aufzubauen.

Die Revolte der Matrosen von Kronstadt war der Ausdruck einer heftigen Reaktion gegen die autoritären Maßnahmen der bolschewistischen Partei, die die anarchistischen Klubs in Moskau und Petersburg schloß und mit den Sozialrevolutionären brach, und die sich bemühte, die Versorgung der Hauptstadt zu regeln, indem sie durch Interventionskommandos die von Städtern vom Land mitgebrachten Lebensmittel konfiszieren ließ. Im Verlauf der Streiks von 1920–21, in denen sich die Unzufriedenheit der Petersburger Arbeiter ausdrückte, bekundeten die Kronstädter Matrosen ihre Solidarität.

Die gemeinsamen Forderungen, in denen sich die Verteidigung unmittelbarer Interessen (Ende der Getreiderequisitionen auf dem Lande, Genehmigung des Kleinhandels) mit allgemeinen liberalen Vorstellungen (Befreiung der politischen Gefangenen, Genehmigung der nichtbolschewistischen sozialistischen Parteien, freie Wahlen) über den Gang der Revolution vermischten, wurden der Volksversammlung von Kronstadt vorgelegt, die am 1. März 1921 zur Vorbereitung der Wahlen zum Stadtsowjet zusammengetreten war, und wurden trotz der Drohungen der bolschewistischen Abgesandten (unter ihnen Kalinin) verabschiedet. Die von einem antibolschewistischen »provisorischen revolutionären Komitee« geleitete Opposition nahm bald die Form einer brutal unterdrückten Meuterei an. Dies Ereignis, das wichtigste der internen Geschichte der Revolution am Ende des Bürgerkriegs, das am Wendepunkt zwischen dem Kriegskommunismus und dem NEP situiert ist, beeinflußte erheblich die Entscheidung des 10. Kongresses der Kommunistischen Partei, der gleichzeitig stattfand (März 1921).

Was Machnos Aufstand betrifft, so handelte es sich um den von einem ukrainischen Bauern unternommenen Versuch, ausgehend von seinem Geburtsort Gulai-Polje gegen die ukrainische Rada und ihren Führer Petljura und anschließend gegen die weißen Truppen Denikins, zu deren Scheitern er beitrug, ein anarchistisches Gemeinwesen zu organisieren, in dem die verschiedenen Berufe ihre Unternehmungen selbst bestimmten, die Macht in den Händen gewählter Räte lag und die Lohnarbeit abgeschafft wurde. »Die Rolle der Armeen«, verkündete er, »besteht nicht darin, den Arbeitern eine Herrschaft aufzuzwingen, sondern darin, zu verhindern, daß eine Herrschaft das Volk der Arbeiter unterdrückt.« Machno war weder ein Nationalist noch ein Antisemit, wie behauptet worden ist; da er sich aber gegen den bolschewistischen Zentralismus wendete, wurde er von eben denen liquidiert, deren Erfolg er befürwortet hatte, und mußte ins Exil gehen.

In der Unordnung des Bürgerkrieges, verschlimmert durch die ausländische Intervention, durch die die Opposition gestärkt wurde, verfolgte die bolschewistische Regierung eine Politik der territorialen Rückeroberung und der Gewinnung der öffentlichen Meinung, was eine starke und unerbittliche zentrale Macht und die Diktatur der Partei notwendig machte. In dieser Hinsicht hat der andauernde Konflikt zwischen Bolschewiki und Anarchisten innerhalb der Sowjets exemplarische Bedeutung. In ihm standen, was die jeweilige Rolle des Staats und der Kommune betrifft, zwei unversöhnliche Richtungen einander gegenüber, die der Zentralisierung der Macht, die Gefahr lief, sich in eine etatistische Diktatur zu verwandeln, und die der Dezentralisierung, die von den Sowjets ausgehend ein Pfand der Freiheit sein konnte. Beim dritten panrussischen Kongreß der Sowjets, im Januar 1918, erlebten die Bolschewisten, die für die Zentralisierung der Macht der Sowjets eintraten, daß sich die Anarchisten gegen sie wendeten. Eine von deren Zeitungen erklärte, signiert von Maximow: ». . . Unsere Unterstützung der Bolschewiki muß aufhören, wenn ihr Erfolg anfängt . . . wir werden nicht weiter gehen . . . denn weiter bedeutet ihr ›konstruktives‹ Werk, das auf eine Stärkung dessen gerichtet ist, was wir bekämpfen, was ein Hindernis für den Fortschritt und eine Stärkung des Staates ist . . .« Jenseits der unmittelbaren Motive in der Opposition der nichtbolschewistischen Parteien, Agrarpolitik, Illegalismus, zwangsweiser Opportunismus, erschien bereits das drohend verschlossene Gesicht eines allmächtigen Staates. Doch war der Zusammenbruch der Opposition nicht nur Ergebnis einer furchtbaren Unterdrückung oder einer Abtrünnigkeit aus Angst; er wurde von zahlreichen Sammlungsbewegungen gegen die Gefahren einer anarchischen Dezentralisierung begleitet, die in einem Krisenzustand wenig erfolgreich und als Gefährdung für die Zukunft der Revolution erschien.

Indessen waren durch das Verschwinden der Wortführer der verschiedenen Oppositionen (die hingerichtet, emigriert oder zum Schweigen verurteilt waren), das der bolschewistischen Partei die absolute Macht vermittelte, keineswegs die Meinungen ausgelöscht, die jene vertreten hatten. Die ideologische Machteroberung, die von der Vereinnahmung der Sowjets durch die Partei gekennzeichnet war und sich mit einem Teil der öffentlichen Meinung traf, mußte auch nach dem Kriegskommunismus fortgesetzt werden. Schwierigkeiten mit der Praxis der Macht, Zögern in Hinsicht auf die Modalitäten des Aufbaus des Sozialismus und auf die Zukunftsperspektiven des Landes angesichts einer dem Regime noch mangelhaft verbundenen Volksmasse erklären das intensive politische Leben in einer Atmosphäre relativer Meinungsfreiheit, das die 20er Jahre kennzeichnet.

Erste Maßnahmen

Eine gewaltige Aufgabe stellte sich der noch schwachen und nicht unbestritten herrschenden Regierung, deren Handlungsspielraum eng begrenzt war. So waren auch die ersten revolutionären Entscheidungen im Sinne des Sozialismus von der ökonomischen Situation vorgeschrieben, wie die Nationalisierung der Banken, das Außenhandelsmonopol (27. Dezember 1917) oder das Dekret vom 26. Oktober 1917 über die Nationalisierung von Grund und Boden, das zugleich eine Grundsatzerklärung und eine Anerkennung der Tatsachen bedeutete: der Aneignung des Bodens durch die Bauern. Was die Industrie betrifft, so konnte die Regierung sie nicht sofort verstaatlichen und wünschte auch nicht eine ihr anarchisch erscheinende Selbstverwaltung. Eine »Arbeiterkontrolle« über die Fabriken zu organisieren (Dekret vom 14. November 1917), was Lenins Gedanke war, und die Zusammenarbeit mit den Direktionen der Betriebe durch die Gründung gemischter Gesellschaften zu suchen, in denen privates und Staatskapital vereint wurden, waren die ersten Ziele. Aber in dem Maße, wie die Macht der Bolschewiki sich konsolidierte, verloren die Verhandlungen, die sich bis zum Frieden von Brest-Litowsk (3. März 1918) hinzogen, ihren Sinn, und die wichtigen nationalisierten Industrie- und Handelsunternehmen wurden in der zweiten Hälfte des Jahres 1918 verstaatlicht.

Was Grund und Boden betrifft, so behielt die Regierung der Bolschewiki die Haltung Lenins, die Haltung der Aprilthesen bei: Abschaffung des Großgrundbesitzes des Adels ohne Entschädigung. Das Bodendekret (8. November 1917) trug der tatsächlichen Situation auf dem Lande Rechnung, wo sich die Landbesetzungen häuften, und proklamierte zwar die Abschaffung des Privateigentums, beschränkte sich aber darauf, die Schulden der Bauern zu annullieren und die Ländereien der Großgrundbesitzer in die Verfügungsgewalt der Landwirtschaftskomitees zu stellen. Faktisch führten die Bauern Aufteilungen durch, aber der so konfiszierte Boden, der insgesamt eine bedeutende Fläche zu sein scheint (ungefähr 25 Millionen Hektar, also etwa zwei Drittel des adligen Besitzes), ergab in Wirklichkeit nach der Aufteilung nur kleine Stückchen für die bisher Besitzlosen und unbedeutende Erweiterungen für diejenigen, die schon kleine Höfe hatten. Die Aufteilung hat mithin die Verteilung von Grund und Boden egalisiert, dabei allerdings die Anzahl kleiner Betriebe erhöht. Während die Aufteilung gemäß alten Bräuchen vonstatten ging und mit einer Rückkehr zu Formen der ländlichen Gemeinschaft zusammenfiel (deren Auflösung durch die Gesetzgebung Stolypins begann), wurde gleichzeitig das Privateigentum gestärkt. Es ist schwer zu entscheiden, ob das Wiederauftauchen des Mir ein kollektiver Reflex auf das Elend der Zeit war oder Indiz einer Bindung an kollektive Besitzformen.

Als 1918 nach dem Frieden von Brest-Litowsk der Bürgerkrieg ausbrach und Rußland einer ausländischen Intervention entgegensehen mußte, zwangen die Tatsachen die bolschewistische Regierung zu einer Politik des Existenzkampfes, die den recht unangemessenen Namen »Kriegskommunismus« (1918–1921) erhalten hat, und die im wesentlichen in einem System allgemeiner Requisition von Nahrungsmitteln, Korn, Fleisch, Kartoffeln bestand, um in erster Linie die Armee, aber auch die Städte zu ernähren. Es war eine Politik der Augenblicksentscheidungen und der Notbehelfe, die freilich aufgrund der tragischen Lage Rußlands als »belagerter Festung« unabdingbar war. Doch diese aus den Umständen und der pragmatischen Antwort auf die Notwendigkeiten geborene Politik zerstörte gleichzeitig die kapitalistische Ordnung, insofern die Requisition die Märkte ruinierte und die autoritäre Distribution der Güter die Rolle des Geldes schwächte. Sie ist freilich auch Gegenstand widersprüchlicher Einschätzungen gewesen und als erste Etappe beim Aufbau des Sozialismus betrachtet worden, worin sich bereits der Wille zeige, eine neue wirtschaftliche und gesellschaftliche Herrschaft zu errichten. Nach dieser Hypothese eines verfrühten Ansatzes zum Kollektivismus, mündend in Chaos und Scheitern, hätte der Kriegskommunismus zur Neuen Ökonomischen Politik geführt. In Wirklichkeit war die Mobilisierung der landwirtschaftlichen Ressourcen letztlich erfolgreich, insofern die Versorgung der Armee und der Städte (es handelte sich in der Periode, in der die bolschewistische Macht sich nur auf ein begrenztes Gebiet erstreckte, vor allem um die beiden Hauptstädte) gesichert und nach der Ernte von 1920 Vorratslager angelegt werden konnten. Aber die übermäßige Anstrengung, die von den Bauern gefordert wurde, läßt sich an der Tatsache ermessen, daß in jenem Jahr die bebaute Fläche um die Hälfte abgenommen hatte und 1921 noch einmal um 10 %, während die Zwangsabgaben sich von 1918 bis 1921 mehr als verdreifacht hatten. Die Requisitionskommandos zögerten nicht, um größerer Wirksamkeit willen auch die Nahrungsmittelvorräte der Dörfer, die Saatgutreserven und das Futtergetreide zu beschlagnahmen, während der Ernteertrag nur noch 40 % des Ertrags der Vorkriegszeit betrug. Das Land erlebte zwei Jahre der Hungersnot, 1921 und 1922, wobei der schwache Ertrag der Ernte von 1921 noch durch eine schlimme Dürreperiode verringert wurde. Lenin, der nie geglaubt hatte, daß der Kommunismus in Rußland unmittelbar durch Volontarismus eingeführt werden könne, sondern daß er Ergebnis eines langen Kampfes sein werde, zog die Lehre aus den Erfolgen wie dem Scheitern des Kriegskommunismus, indem er in Rußland (das 1922 zur Union der Sozialistischen Sowjet-Republiken geworden war) die NEP einführte, welche vor allem die bis 1921 vom Sozialismus kaum berührten Bauern, also etwa drei Viertel der Bevölkerung, betraf.

Auch auf einer allgemeineren Ebene wurden die Diskussionen über die Ausrichtung der Wirtschaftspolitik nach dem Frieden von Brest-Litowsk lebhafter und riefen selbst im Innern der Partei und der Regierung deutliche Scheidungen hervor. Bis dahin hatte der Ruf nach dem Aufbau des Sozialismus »von unten her« offiziellen Charakter gehabt. Es war die Zeit des revolutionären Enthusiasmus gewesen, der Experimente der Selbstverwaltung, der Gründung der Einheitsschule der Arbeit. Doch in der Mitte des Jahres 1918 hatten die Bemühungen der Regierung um eine Versöhnung oder eine Eingliederung der kapitalistischen Organisationsformen und der bürgerlichen Gesellschaft noch nicht aufgehört und verschränkten sich im übrigen in einer Atmosphäre gesteigerten Klassenkampfes mit einer raschen Verschlechterung in der Lage des vom zaristischen Rußland ererbten sozialen Rahmens, der einer ersten Säuberung unterzogen wurde. Es konnte kaum noch einen Kompromiß zwischen jenen geben, die (wie Lenin) meinten, daß die Verwirklichung des Sozialismus erst nach der Neuorganisierung der Wirtschaft möglich sei, und jenen, die der Ansicht waren, einzig die sofortige Sozialisierung der Produktionsmittel und die Organisation einer Wirtschaft unter proletarischer Verwaltung könnten den Übergang zum Sozialismus garantieren.

Industrielle Verstaatlichung

Die Avantgarde der Revolution war die Arbeiterklasse; das rechtfertigt die Bezeichnung »Diktatur des Proletariats« für das neue Regime in seinen Anfängen. Doch die ökonomische Entwicklung selbst, die sich auf eine durch Planwirtschaft verwirklichte zweite industrielle Revolution richtete, vergrößerte rasch eine Klasse, deren Gewicht beim Aufbau des Sozialismus zum überwiegenden, jedenfalls zu einem völlig neuen Faktor werden sollte.

Vor dem Oktober 1917 hatten die Fabrikarbeiter der Großstädte, bereits im Kampf mit den Unternehmern, Forderungen gestellt, die über das Berufliche hinausgingen und Arbeiterkontrolle und Selbstbestimmung voraussetzten.

Im Juni 1917 trat eine Konferenz der Fabrikkomitees von 164 Betrieben zusammen. Im freieren Klima nach der Februarrevolution brauchten die Gewerkschaften, die im übrigen seit 1905 offiziell anerkannt waren, nicht mehr wie bisher im Untergrund zu arbeiten. Aber aus der Masse der Arbeiter hatte sich gerade im Untergrund eine Elite herausgebildet, die dem Syndikalismus eine politische Rolle zuwies; der »Ökonomismus« vom Ende des 19. Jahrhunderts war überlebt. Die Konferenz wollte den Syndikalismus zum unabdingbaren Element der »Diktatur des Proletariats« machen.

Nach dem Sieg des Bolschewismus im Oktober 1917 sammelten die Gewerkschaften einen wachsenden Anteil der Arbeiter und stellten nicht mehr eine Avantgarde der Arbeiterklasse im engeren Sinne dar.

In der Anarchie des Bürgerkriegs vermehrte sich die Masse der

Fabrikarbeiter, die dynamischste, nicht etwa, sondern nahm ab, aufgrund der Zerstörungen und Schließungen industrieller Unternehmen, aber auch weil die harten Bedingungen des materiellen Lebens die Großstädte leerten; 1921–22 gab es 1 250 000 Lohnempfänger in der Industrie, das ist die Hälfte der Anzahl aus dem Jahr 1914. Der größte Teil der Arbeiterelite war zu dieser Zeit in der Armee und in verschiedenen anderen Funktionen mobilisiert, keineswegs zwangsweise, sondern aufgrund eines mit der sozialistischen Überzeugung verbundenen Volontarismus; die Aushebung von 60 000 Gewerkschaftsmitgliedern im Oktober 1919 bedeutete einen politischen Aderlaß, der endgültig die Tendenz zu Arbeiterkontrolle und Selbstbestimmung in den Gewerkschaften schwächte. Die Kader der Gewerkschaften erneuerten sich beständig und enthielten zunehmend mehr Bolschewiki, die den Weisungen der Partei unterworfen waren. Was die Arbeitermassen betrifft, die allmählich wieder zunahmen und ihre Stärke von 1914 wieder erreichten, so setzten sie sich aus wenig politisierten bäuerlichen Elementen zusammen, die in verschiedene Richtungen des Syndikalismus aufgespalten waren, zum größten Teil aber rein berufliche Forderungen stellten.

Schon im Februar 1917 bildeten sich auf die Initiative der Arbeiter hin, für die die Funktionäre der im Laufe des Krieges entstandenen Gewerkschaften eine entscheidende Rolle spielten, Fabrikkomitees und Arbeitersowjets, in denen Anhänger aller Parteien, Menschewisten, Sozialrevolutionäre und Bolschewisten, zusammenarbeiteten. Die Aufrufe in der menschewistischen »Arbeiterzeitung« und der bolschewistischen »Prawda« bezeugen eine Atmosphäre der Einigkeit, die nicht lange anhalten sollte.

Die Bewegung entwickelte sich sehr rasch; schon im März 1917 zählten die Gewerkschaften der Metallarbeiter mehr als 16 000 Mitglieder, und etwas später konstituierte sich ein Zentralbüro von zehn Gewerkschaften. Auch in Moskau gründeten die versammelten Funktionäre von 22 Gewerkschaften ein Zentralbüro der Berufsgewerkschaften. In allen Industriestädten faßte das Gewerkschaftswesen Fuß und organisierte sich. Innerhalb der Betriebe entstanden parallel dazu Fabrikkomitees, die sich nur unscharf von den Gewerkschaftssektionen unterschieden, insofern ihre Tätigkeiten teilweise die gleichen Ziele hatten.

Das Gesetz vom 23. April 1917 gab den Fabrikkomitees eine legale Existenz. Anfänglich begrenzten die Komitees sich auf unmittelbare Forderungen von beruflichem Charakter (Erhöhung der Löhne, Achtstundentag), aber bald griffen sie in die Aufgaben der Direktion ein und organisierten in vielen Betrieben von kleiner oder mittlerer Bedeutung eine wirkliche Selbstverwaltung, meist infolge der Ablehnung der Unternehmer, den Arbeiterforderungen nachzukommen. Der Druck des Exekutivkomitees der Sowjets von Petersburg, das am 16. Mai 1917 die staatliche Kontrolle jeglicher industriellen Tätigkeit forderte, bewegte die Provisorische Regierung dazu, eine Regelung einzuführen, die nur die Großbetriebe betraf, in denen Streik und Aussperrung verboten waren und der Lohnanstieg an die Produktivität gebunden war. Jede staatliche Lösung wurde vermieden; Staatsmonopole kamen nur für Produkte in Frage, die Gegenstand des Außenhandels waren, oder für solche, deren Produktion auf der nationalen Ebene genügend konzentriert war, wie beim Zucker.

Diese Regelung blieb im übrigen toter Buchstabe, aber die Provisorische Regierung stellte jene Unternehmen unter Zwangsverwaltung, in denen Versuche der Selbstbestimmung begonnen hatten. In der Tat standen sich Arbeiter und Unternehmer in einem harten Klassenkampf gegenüber, der bis in den Oktober andauerte; das Problem der Beziehungen zwischen Staat und Fabrik wie das der Rolle der Arbeiter in der Fabrik stellte sich nun in einem neuen politischen Kontext. Zahlreiche Fabriken hatten ihre Tore geschlossen, eine große Zahl stand am Rande des Ruins, die Versuche zur Selbstverwaltung wurden wieder aufgenommen. Dabei handelte es sich um eine spontane Bewegung, die von der anarchischen Situation der Periode des Kriegskommunismus begünstigt wurde sowie von der anfänglichen Unsicherheit der Funktionäre, einschließlich Lenins selbst, über die Richtung beim Aufbau des Sozialismus. Diese Bewegung sollte bald an den Entscheidungen eines gestärkten Staates scheitern, dem die Rekonstruktion der Wirtschaft wichtiger war als die beschleunigte Kollektivierung durch Experimente mit unsicherem Ausgang.

Die ersten Maßnahmen der bolschewistischen Regierung im Oktober 1917 arbeiteten auf die Verstaatlichung hin, die von Nationalisierungen vorbereitet wurde, mittels welcher die Grundlagen für ein sozialistisches Regime gelegt werden sollten. Seinen Aufbau in einer näheren oder ferneren Zukunft kündigte Lenin Anfang November an. Die bolschewistische Regierung stand in der Stadt ebenso wie auf dem Lande einer bestimmten faktischen Situation gegenüber. Sie mußte sich mit den Realitäten abfinden und versuchen, die politischen Ziele mit den Notwendigkeiten der Wiederherstellung einer ruinierten Wirtschaft zu versöhnen. So stand sie vor einer immensen Aufgabe, deren Lösung durch keinerlei frühere Erfahrungen erleichtert wurde. Ihre Wirksamkeit wurde unter anderem gerade in der Fabrik erprobt, wo diejenigen arbeiteten, die die Avantgarde der revolutionären Bewegung gebildet hatten. Schon im April 1917 hatte Lenin im Zusammenhang mit der Zuckerindustrie, die in einem »Syndikat« (Bund der Raffinerien) konzentriert war, von Nationalisierung gesprochen, und im Zusammenhang mit dem Verhältnis zwischen den Direktionen der Raffinerien und dem Personal von »Arbeiterkontrolle«, was für ihn aber wohl nichts anderes als eine politische, von den Gewerkschaften unabhängige Kontrolle bedeutete (in welchen übrigens noch Sozialrevolutionäre und Menschewiki die Mehrheit bildeten). Der Ausdruck wurde im Dekret vom 14. November 1917 wieder aufgegriffen, behielt aber in Relation zur tatsächlichen Situation in den Fabriken einen mehrdeutigen Charakter.

Was die Organisation der Wirtschaft im allgemeinen betrifft, so beschränkte Lenin sich darauf, durch das Dekret vom 5. Dezember 1917 einen Obersten Rat der Nationalen Wirtschaft zu schaffen (Wersencha), der die unter der Provisorischen Regierung entstandenen Institutionen ersetzte. Der Rat beschritt den Weg der Nationalisierungen, jedoch mit Vorsicht; er umfaßte jeden Industriezweig, Studienkommissionen und regionale Räte der nationalen Wirtschaft in einem System, das im Mai 1918 legalisiert wurde, und nahm einen großen Teil des Personals auf, das in den Institutionen der Provisorischen Regierung beschäftigt gewesen war. Was die Arbeiterkontrolle betrifft, so erschien sie bald als unvereinbar mit den unmittelbaren Notwendigkeiten der Umorganisierung der Wirtschaft.

Durch eine Reihe von Dekreten gingen die Unternehmen in die Verwaltung des Staates über, in Gestalt von »Trusts« (Industriegruppen) – nahezu hundert im Jahre 1920 –, die von Kommissionen unter der Kontrolle des Obersten Wirtschaftsrates geleitet wurden; diese Trusts hatten während der Übergangsperiode keine einheitliche Organisation. Einige von ihnen hatten weiterhin ihre alten Direktionen, alle waren nicht vollständig verstaatlicht und besaßen noch eine gewisse Autonomie. Doch die praktischen Probleme, die sich dieser neuen Organisation stellten, führten bald zur Zentralisierung und zur Vereinheitlichung der Bedingungen.

In der Perspektive des Aufbaus des Sozialismus gab es zwei einander entgegengesetzte Konzeptionen. Die eine, eher einer demokratischen Ideologie entsprechend, forderte eine Kontrolle durch lokale Sowjets, eine Dezentralisierung durch gewählte kollegiale Betriebsleitungen; die andere strebte im Namen der Effizienz, der Erfordernisse der Produktion, Zentralisation und eine eher autoritäre Form an, nach ihr sollten die Wirtschaft von einem bürokratischen Apparat und die Fabriken von Direktoren geleitet werden. Im Jahre 1920 ging die Tendenz auf Zentralisierung, denn nur die Fabriken von lokalem Nutzen hingen von regionalen Autoritäten ab und bewahrten einige Autonomie. Beim IX. Kongreß der Kommunistischen Partei (1920) setzte Lenin, unterstützt von Trotzki, gegen die Ansicht von Tomski und Rykov, die das Prinzip der Kollegialität verteidigten, eine Resolution über die Notwendigkeit einer persönlichen Leitung in der Industrie durch, die die Verantwortlichkeit eines Chefs implizierte.

Im November 1920 gab es nur noch in 12 % der Betriebe eine kollegiale Direktion; die Diskussionen gingen von der ökonomischen auf die soziale Ebene über. Eine kleine Minderheit von Technikern war emigriert; die Weiterbeschäftigung des alten Personals empfahl sich in dem Maße, in dem es sich dem Regime verbündete oder neutral oder stumm blieb. Doch der revolutionäre, mit Illusionen gemischte Enthusiasmus der idealistischsten Bolschewisten, die den Sozialismus schon greifbar nahe sahen, vertrug sich schwer mit Lenins Realismus, der sich nicht nur der bürgerlichen Kader bedienen, sondern sie auch »nach bürgerlicher Art« für ihren Eifer bezahlen wollte. Im Jahre 1918 zeigt ein Bericht von Molotow, der sich auf etwa zwanzig industrielle Leitungen (glawki) bezieht, die vom Obersten Rat der Nationalen Wirtschaft abhängen, daß von 400 Mitgliedern etwa 40 ehemalige Unternehmer oder deren Repräsentanten sind, etwa ebenso viele Techniker, und daß unter den Funktionären dieser Leitungen eine große Zahl vom Ancien Régime übernommen ist.

Ihre Anzahl verminderte sich schnell, und die Schwierigkeiten, auf die die Wiederherstellung der Wirtschaft stieß, wurden offiziell ihrer zurückhaltenden Mitarbeit zugeschrieben. Indessen wurde ein großer Teil des untergeordneten Personals notwendigerweise in das neue System integriert, eine Lage, die sich im Laufe der NEP konsolidierte.

Das Ende des Kriegskommunismus

Um den Rückgang der industriellen Produktion aufzuhalten und die Unternehmen wieder flottzumachen, arbeitete der Wirtschaftsrat in Wirklichkeit nicht als Regulierungsorgan, sondern mit Entscheidungen auf der Ebene der Organisation und der Finanzlage der Fabriken wie eine wirkliche Staatsfirma. Im September 1919 konnte die Zahl der nationalisierten Fabriken auf etwa 3300 geschätzt werden, aber kaum die Hälfte davon funktionierte wirklich. Im November 1920 war ihre Zahl auf 5000 gestiegen. Man sollte sich hüten, gewisse allzu übertriebene Zahlen ohne Vorbehalt hinzunehmen, wie sie Nové zitiert, etwa die 37 000, unter denen Tausende von Werkstätten mit nur einem Arbeiter und sogar einfache Mühlen erfaßt sind; wichtig ist nur, daß schon Ende 1919 die Großindustrie zu 80 bis 90 % nationalisiert war und im folgenden Jahr vollständig.

Die Regierung bemühte sich im übrigen, den kleinen Besitz nicht zu enteignen, einerseits weil sie sich nicht in der Lage sah, die Tätigkeit einer erheblichen Zahl von Kleinbetrieben zu organisieren, anderseits weil sie die Kleinunternehmer schonen und ihnen die Freiheit lassen wollte, sich dem Sozialismus zuzuwenden. Daher schloß sie mit dem Dekret vom 25. April 1919 die Enteignung jedes Unternehmens aus, das weniger als fünf Personen beschäftigte, sofern es motorgetriebene Maschinen benutzte, und weniger als zehn Personen, sofern dies nicht der Fall war.

Diese Entscheidungen, die Gelegenheitsmaßnahmen waren (von einem Staat ergriffen, der es mit Unternehmen mitten im Zusammenbruch zu tun hatte), die aber gleichzeitig auf der Linie des Aufbaus des Sozialismus lagen, trafen auf eine Situation des wirtschaftlichen Kollapses, der vom Fall des Rubels, der starken Vermehrung des Papiergelds und dem raschen Preisanstieg, hervorgerufen von der Verknappung der Waren, gekennzeichnet war. Die Schwächung des Rubels und die Verknappung hatten im Augenblick, als offizielle Preise festgesetzt und den Bauern schwere Requisitionen auferlegt wurden, einen doppelten Markt geschaffen. In den Jahren 1918–19 wurde die Versorgung der Städte im allgemeinen zu zwei Drittel durch den Schwarzmarkt gesichert, in den Provinzstädten befriedigte der offizielle Markt im Januar 1919 nur 19 % des Konsums, hingegen 29 % im April 1920. Die Wirksamkeit der Requisitionen war real, aber sie konnten nur einen Teil der Bedürfnisse befriedigen, und ihre Verteilung für den Verbrauch war aufgrund der militärischen, industriellen und administrativen Prioritäten recht ungleich. Der Schwarzmarkt nahm im übrigen häufig die Gestalt des Tauschhandels an, und die Regierung bemühte sich selbst darum, den Gebrauch des Geldes einzuschränken. In diese Richtung gingen auch die Maßnahmen des Wirtschaftsrates, die kostenlose Transporte und den Austausch von Produkten zwischen den Staatsfabriken ohne Zuhilfenahme von Geld empfahlen.

In diesem begrenzten Maße ist der Begriff »Kommunismus« in dem Ausdruck »Kriegskommunismus« in seinen extremen Konsequenzen nicht ganz falsch. War dieser nun mehr oder weniger bewußt gewollt, als Phase der Zerstörung einer alten Wirtschaftsordnung und Beginn des Aufbaus einer neuen Ordnung? Ein Teil der kommunistischen Linken hielt die weitgehende Zerstörung der Produktionsmittel und der gesellschaftlichen Strukturen während einer Revolution für unvermeidlich und meinte, daß der Sozialismus aus dem Chaos heraus um so schneller entstehen würde. Das Verschwinden des Marktes, der traditionellen Abwicklungen von Kauf und Verkauf, des Geldes – dieser Kennzeichen des Kapitalismus – schien das Zeichen eines raschen Vormarschs auf dem Weg zum Kollektivismus. Lenin selbst, der 1919 radikale Maßnahmen für richtig hielt, die die Organisation der ganzen Bevölkerung in Kommunen von Produzenten und Konsumenten in einem Wirtschaftssystem vorbereiten sollte, innerhalb dessen das Geld endgültig abgeschafft wäre, zögerte lange, den Kriegskommunismus aufzugeben; und noch 1920 bemühte er sich zwar, Mißbräuche einzudämmen, traf aber rigorose Maßnahmen gegen Bereiche des Widerstands wie in der Ukraine. Beim X. Kongreß verwarf er den freien Handel. Es ist allerdings wahr, daß er nie an eine nahe bevorstehende Ankunft des Sozialismus geglaubt hat, und daß seine sehr pragmatische Politik sich mit großer Hellsichtigkeit den Ereignissen und Meinungen anpaßte. Seit dem Februar 1921 sah er eine

Notwendigkeit, neue, weniger autoritäre Methoden anzuwenden, um die Nahrungsmittel zu verteilen. Es wurde eine Pause auf dem Weg zum Sozialismus eingelegt.

II. Die Gewerkschaft, Motor der Produktion

Nach dem Oktober wünschte die Arbeiterelite, die sich vor 1917 herausgebildet und eine Hauptrolle in der Revolution gespielt hatte, auch in den Betrieben durch eine spontane Bewegung der neuen Wirtschaftsordnung eine Arbeiterrichtung zu geben. Die Arbeiter hatten die Fabriken besetzt und Komitees gegründet, die sich seit Januar 1918 in Gewerkschaften verwandelten, deren unabhängiger Geist gegenüber der Partei die autoritäre Reorganisation der Wirtschaft, wie die Regierung sie in Angriff nahm, nicht erleichterte. Die Partei bekam indessen den Gewerkschaftsapparat zunehmend in den Griff, indem sie Sozialrevolutionäre und Anarchisten ausschloß, gab den Gedanken der Selbstverwaltung auf, dessen unmittelbare Durchführung Schwierigkeiten mit sich gebracht hatte, und setzte die von Lenin eingeführte Unterscheidung zwischen Arbeiterklasse und Gewerkschaft durch, nach der letztere nur die erste gesellschaftliche Grundlage für die Diktatur des Proletariats, eine Vermittlung zwischen der kommunistischen Partei und den Massen sein könne, ein »Transmissionsriemen«, der mehr Pflichten als Rechte habe.

Dennoch stellten die Gewerkschaften nicht mehr eine Minderheit der Arbeitermassen dar, da jeder Arbeiter, Angestellte und Funktionär zur gewerkschaftlichen Organisation verpflichtet war.

Beim ersten Gewerkschaftskongreß (Januar 1918) repräsentierten die 416 Delegierten drei Millionen Arbeiter; beim zweiten Kongreß (Januar 1919) war die Zahl der Gewerkschaftsmitglieder auf 3 422 000 gestiegen; auf 4 227 000 beim dritten Kongreß (April 1920) und auf acht Millionen beim vierten (Mai 1921). Revolutionärer Extremismus war unter den Massen der Gewerkschaftsmitglieder verbreitet gewesen, aber selbst die Industriearbeiter, deren Anzahl sich seit 1914 um die Hälfte vermindert hatte, und deren Elite die Fabriken verließ, um Verwaltungsaufgaben zu übernehmen, verloren nach und nach die Initiative der ersten Revolutionsmonate.

Im übrigen schien die Selbstverwaltung bzw. die an der Basis wirklich durchgeführte Arbeiterkontrolle eine Unordnung mit sich zu bringen, die mit der dringenden Notwendigkeit eines Wiederaufbaus der Wirtschaft nicht vereinbar war. Lenin, der im Prinzip nichts gegen die Selbstverwaltung und die Leitung der Wirtschaft durch die Gewerkschaften einzuwenden hatte, hielt die Arbeiterklasse für noch zu ungebildet, um früher als in einer fernen Zukunft Leitungsfunktionen übernehmen zu können. Die bekannten Fehler der Arbeiterklasse, deren Faulheit, Nachlässigkeit und Neigung zur Verschwendung die Produktion behinderten, gaben den Gewerkschaften Pflichten anderer Art auf. Daraus ergab sich in einer von Trotzki schon im Dezember 1919 vor dem Zentralkomitee eröffneten und von Lenin nach lebhaften Diskussionen innerhalb der Regierung und der Gewerkschaftsleitung geschlichteten Debatte die rasche Rückkehr zu autoritären Methoden. Trotzkis Programm einer Verstaatlichung der Gewerkschaften und einer Militarisierung der Arbeit, das den unmittelbaren Bedürfnissen entsprach und der politischen Linie folgte, die er in seinen Funktionen als Verbindungskommissar anwendete, wurde vom Zentralkomitee nicht gebilligt.

So entwickelte Lenin in einer vermittelnden Position seine Konzeption von der Rolle der Gewerkschaften, sowohl gegen Trotzki als auch gegen Tomski (Gewerkschaftspräsident seit 1917). Die Diskussion lief in einer Atmosphäre sozialer Unruhen ab, die im Kronstädter Aufstand im März 1921 ihren Höhepunkt fanden. Vor dem VIII. Parteitag im Jahre 1920 erklärte Schljapnikow, daß »die Gewerkschaften die einzigen verantwortlichen Organisatoren der Wirtschaft« seien. Und Ende 1920 bildete sich unter der Leitung von Schljapnikow und den Chefs der Metall- und Bergbau-Gesellschaften eine »Arbeiteropposition«, in der sich eine große Anzahl von Gewerkschaftern sammelte, die über die Verstaatlichung der Wirtschaft und die bürokratische Macht beunruhigt waren; unter ihnen gab es eine starke menschewistische Tendenz. Die Arbeiteropposition wollte die Verwaltung der Wirtschaft einem »panrussischen Produktionskongreß« übertragen, in dem die Partei nur ein Element einer dreigeteilten Organisation wäre, neben Repräsentanten der Sowjets und der Gewerkschaften.

Indem sie sich auf die allgemeine Unzufriedenheit stützte, hervorgerufen durch das Elend und gegen die bolschewistische Partei gerichtet, fand sie zwei unterschiedliche Grundlagen: zum einen die Arbeitermasse, die einfach ihr Schicksal verbessern wollte, aus der aber auch noch Enthusiasten der Revolution hervortraten, zum andern besser bezahlte Facharbeiter, die die meisten leitenden Posten in der Gewerkschaft innehatten, und deren sozialistische Überzeugung vor der Perspektive einer mächtigen Gewerkschaft verblaßte, die ihre Interessen garantieren würde. Aber die Arbeiteropposition war auch eine Reaktion auf die autoritäre Haltung der Partei und den mit dem zu Ende gehenden – das schien eine Hoffnung auf Freiheit zu sein – Bürgerkrieg verbundenen exzessiven Zentralismus, die nicht die auf dem Weg zum Sozialismus gewonnenen Positionen aufgeben wollte. Es ist an der Zeit, sagte man, auf das Eindringen von Elementen zu reagieren, die dem Sozialismus fremd sind, diese Pyramide von Bürokraten durch Vorkämpfer zu ersetzen, die in enger Verbindung mit der Arbeiterklasse stehen, die Wählbarkeit der Verantwortlichen wiederherzustellen, den Basisorganisationen die Möglichkeit zur Mitwirkung an Entscheidungen zurückzugeben, die Meinungsfreiheit für die verschiedenen Richtungen wieder einzuführen und schließlich das Prinzip der Arbeiterverwaltung zu rehabilitieren. Und im Augenblick, wo die Regierungspolitik sich der NEP zuneigte und die von Trotzki vorgezeichneten industriellen Perspektiven aufzunehmen schien, band sich die Arbeiteropposition zunehmend entschlossener an die Industrialisierung.

Beim X. Kongreß, der unmittelbar nach dem Kronstädter Aufstand stattfand, wurde die Arbeiteropposition verurteilt, die Rolle der Gewerkschaften definiert und eine bis 1924 geheimgehaltene Resolution verabschiedet, welche das Zentralkomitee der Kommunistischen Partei autorisierte, gegen die »Fraktionisten« alle Maßnahmen einschließlich des Ausschlusses zu ergreifen.

Diese neue Definition besagte: Als Vermittler zwischen der Partei und der Staatsmacht sind die Gewerkschaften keine Organe der Regierung; sie sind die nächsten Mitarbeiter der Partei, sammeln sie doch die Arbeiterklasse im Rahmen der Diktatur des Proletariats. Ihre Rolle besteht in der Erziehung der Arbeiterklasse; sie sind die »Schule des Kommunismus«, und infolgedessen ist es in jener Etappe, in der, ausgehend von einer wiederhergestellten Wirtschaft, der Sozialismus aufgebaut wird, die »sozialistische Arbeit«, die die ungebildeten Arbeiter in ihnen lernen sollen, welche die Regeln der Produktion noch nicht kennen, der industriellen

Wirtschaft wenig angepaßt sind und Fehler haben, die man offiziell mit dem kapitalistischen Regime verband. So führen die Arbeiter immer weniger einen Klassenkampf (der, was sie betrifft, abgeschlossen ist) und immer mehr einen »ökonomischen Kampf« um die Verbesserung des Ertrags und gegen die »bürokratischen Abweichungen« (welche dem Vorhandensein zahlreicher Angestellter aus dem Ancien Régime zugeschrieben wurden), sofern sie die Produktion behindern.

Die Verurteilung der Arbeiteropposition auf dem X. Kongreß setzte der Bewegung noch kein Ende. Schljapnikow blieb Mitglied des Zentralkomitees, ebenso wie ein anderer Anführer der Opposition, und verteidigte weiterhin die Unabhängigkeit der Gewerkschaften gegen den Parteiapparat. Im August erreichte Lenin nicht, daß das Zentralkomitee Schljapnikow ausschloß, obwohl Frunse mit der Drohung intervenierte, ihn »vor die Maschinengewehre zu jagen«.

Noch im Februar 1922 konnte die Arbeiteropposition der Dritten Internationale eine »Erklärung der 22« mit ihren Thesen gegen die Beschlüsse des X. Kongresses vorlegen, und beim XI. Kongreß (März 1922) verurteilte Schljapnikow trotz aller Drohungen in einer letzten Rede die probäuerliche Ausrichtung der NEP und die Diktatur der Partei; Lenin antwortete mit Argumenten, die sich aus der Notwendigkeit herleiteten, unter den Bedingungen des revolutionären Kampfes der Partei zu gehorchen und sich eiserner Disziplin zu unterwerfen. Nach einer erregten Diskussion erhielt Schljapnikow eine strenge Verwarnung des Parteitags. Damit begann der rasche Verfall und die Auflösung der Bewegung.

Doch die Opposition sollte auf einer allgemeineren Ebene bei Gelegenheit der wichtigen ökonomischen Optionen noch einmal aufleben, wobei die Gewerkschaften ihr immer kleinere Truppen zuführten.

Die Prinzipien der Autorität wurden im Jahre 1922 durch die wiederum von Lenin inspirierten »Thesen« des Zentralkomitees der Kommunistischen Partei bestätigt:

Wenn die Gewerkschaften die Interessen der Arbeiter richtig wahrnehmen und verteidigen, ist es ihre hauptsächliche Pflicht, in den Kampf für die Produktion einzutreten. Es wird allerdings auch auf die »allzu eifrigen« Autoritäten angespielt, gegen die die Aktivität der Gewerkschaften von der Arbeitermasse zu Recht gelenkt werden darf, wobei der Gewerkschaft die Aufgabe zukommt, Irrtümer und Übertreibungen zu berichtigen, die einer »bürokratischen Deformation des Staatsmechanismus« zugeschrieben werden. Noch gibt es eine Unterscheidung zwischen dem »Klassenkampf« – ein Ausdruck, der einen rein formalen Charakter annimmt (was die Arbeiterklasse betrifft), insofern der Privatbetrieb im Verschwinden begriffen ist – und dem »ökonomischen Kampf« im Innern der nationalisierten Unternehmen, durch den die Arbeiter ihre Interessen verteidigen. Aber sehr bald verschwand während der NEP der Bezug auf den ökonomischen Kampf aus dem gewerkschaftlichen Vokabular. Der Richtungskampf hatte seinen Widerhall in den Gewerkschaften, in denen sich eine bedeutende Fraktion in Opposition befand. Doch die gewerkschaftlichen Organisationen waren zunehmend unfähiger, sich der Autorität des Staates, also in Wahrheit der Partei, zu widersetzen. Mit dem Beginn des Ersten Fünfjahresplans und der Zerrüttung der Linken gipfelte die Säuberung der gewerkschaftlichen Kader in einer allgemeinen Neubesetzung des Zentralkomitees der Konföderation der Gewerkschaften, deren Präsidentschaft Tomski aufgab. Die Gewerkschaften verloren jede reale Initiative. Wesentliches Ziel der Gewerkschaften blieb der Kampf für die Produktion und »die verbreiterte, aufmerksame und vertiefte Teilnahme der arbeitenden Massen am sozialistischen Aufbau«.

III. Eine Pause auf dem Weg zum Sozialismus: Die NEP

Die NEP und der Sozialismus

Ende 1920 war das Gebiet, das die Union der Sozialistischen Sowjetrepubliken bilden sollte, befreit und stellte der Regierung das Problem des wirtschaftlichen Wiederaufbaus und der Grundlagen dieses Wiederaufbaus. Der Kriegskommunismus war eine beschwerliche Erbschaft; mit seinen notwendigen Zwängen und seinen schwer vermeidlichen Mißbräuchen hatte er einen großen Teil der Landbevölkerung gegen das neue Regime eingenommen. Die Bauern stellten immer noch den größten Teil der Bevölkerung dar, sie lebten über die unendliche Weite des Territoriums zerstreut, waren faktisch Besitzer des Bodens, gewohnt, sich lokal in starker Autonomie zu organisieren, traumatisiert vom System der Requisitionen, und ihre Zurückhaltung, um nicht zu sagen Feindseligkeit gegenüber den Anordnungen der zentralen Verwaltung hatte sich verstärkt.

Schon im Jahre 1920 gab es Stimmen, unter ihnen die Trotzkis, obwohl er ein Anhänger autoritärer Lösungen war, die für eine Abschwächung des Requisitionssystems und seine Ersetzung durch eine Naturalsteuer eintraten (also eine nicht willkürliche, nicht der Initiative der Requisiteure überlassene Abschöpfung). Es war allerdings zu früh, um eine Politik zu ändern, die in einer Atmosphäre des Bürgerkriegs ihre Früchte zu tragen begann. Die Requisitionsmaßnahmen wurden im Jahre 1920 sogar verstärkt. Aber die Regierung wurde sich zunehmend des bedenklichen Charakters des Systems bewußt und erkannte, daß der Bauer die Möglichkeit haben müsse, seine Überschüsse gegen industrielle Produkte einzutauschen (was in geringem Maße auf dem Schwarzmarkt geschah). Eine Erleichterung der Abgaben, die auf der Bauernschaft lastete, leitete 1921 die neue Wirtschaftspolitik, die NEP, ein. Die einfache Maßnahme der Umwandlung der Requisition in eine relativ gemäßigte Steuer brachte einen ganzen Mechanismus von Reglementierungen in Gang, der im übrigen nur ein Element des neuen Systems war. Die Politik des Kriegskommunismus schloß ein rationales Wirtschaftssystem aus.

Sie hatte das Regime gerettet, aber die Bedingungen für den Aufbau des Sozialismus waren schlechter als 1918. Die Erbschaft des Zarismus auf der ökonomischen Ebene war vernichtet, der landwirtschaftliche Charakter des Landes hatte sich verstärkt. Im Frühling 1921, als das Territorium befreit und der Bürgerkrieg beendet war, bot sich eine tragische Situation: Die Knappheit an Rohstoffen und Heizmaterial, der Mangel an Transportmitteln hatte die Schließung von mehr als zweihundert Betrieben mit sich gebracht, vor allem Textilfabriken. Die Häuser waren vereist, die Lebensmittelrationen reduziert. Die Bauernschaft wandte sich, nachdem erst einmal die Drohung einer Rückkehr der Großgrundbesitzer beseitigt war, von dem Regime ab, das ihre Interessen vernachlässigte. Zu Beginn des Jahres 1921 litt sie selbst Hungersnot.

Die Unruhen dieser Zeit, die im Kronstädter Aufstand gipfelten (März 1921), dessen Heftigkeit mit der Nähe der Hauptstadt zusammenhing, waren weit ausgedehnt und berührten große Gebiete; sie wurden den Sozialrevolutionären, den Menschewiken und den »nationalistischen Kulaken« der Ukraine zugeschrieben und erfaßten breite Schichten der Bauernschaft.

Die Unzufriedenheit der Bauern, deren Klagen von vielen Delegationen Lenin vorgetragen wurden, reicht hin, um sowohl die Unruhen als auch die Wendung zur NEP zu erklären.

Es waren die Entscheidungen des X. Parteitags der KP (März 1921), die dazu führten, daß die Bauern nur noch einen festgelegten Teil ihres Überschusses abliefern mußten.

Dann bestimmte eine Serie von Dekreten zwischen dem März und dem Mai 1921 die Anwendungsbedingungen der Naturalsteuer und des freien Warentauschs. Das Dekret vom 21. März 1921 legte fest, daß die Abschöpfung geringer sein mußte als diejenige, die die Requisition mit sich gebracht hatte. Die Steuer durfte nur dazu dienen, die unabdingbaren Bedürfnisse der Armee, der Arbeiter, der Städte und der nicht bäuerlichen Bevölkerung zu befriedigen. Sie wurde in Prozenten berechnet oder nach einer Aufrechnung der Produkte, basierend auf der Ernte, der Anzahl der zu ernährenden Münder und der Relevanz des Viehbestands. Sie wurde vor der Aussaat gestoppt und hatte einen progressiven Anstieg. Ausnahmsweise konnten Bauern von ihr ausgenommen werden, und Kleinbesitzer sowie städtische Arbeiter, die einen Schrebergarten besaßen, wurden geringer besteuert. Schließlich wurde der Tausch industrieller gegen landwirtschaftliche Produkte auf Märkten und in Kooperativen, d.h. auf der lokalen Ebene, genehmigt.

Diese Freiheit des Tauschs wurde nun durch das Dekret vom 28. März über den lokalen Markt hinaus ausgedehnt, und ein Dekret vom Mai beseitigte jede Beschränkung des freien Tauschs und genehmigte den Gebrauch von Geld.

Diese wiedergefundene Freiheit traf auf einen Markt, auf dem Industrieprodukte so gut wie nicht vorhanden waren. Um die verwüstete Industrie wieder in Bewegung zu bringen, schien es notwendig, an das Privatkapital zu appellieren und die kapitalistische Produktion in industriellen und handwerklichen Kleinbetrieben wiederherzustellen, welche die Bedürfnisse der Massen erfüllten. Das Dekret vom 5. Juni 1921 regelte die Unternehmenskonzessionen für Einzelpersonen und Kooperativen, also staatliche Industrien; Privatkapital wurde ebenfalls im Handel zugelassen (da der staatliche Handel nicht in der Lage war, mit der Entwicklung des

Tausches Schritt zu halten). Die NEP war also, insofern sie die Warenproduktion und den Markt wiederherstellte, ein Rückzug, aber ein taktischer Rückzug, der es ermöglichte, neue Ressourcen zu schaffen, um alsdann einen entscheidenden Schritt auf dem Weg zum Sozialismus weiterzugehen. Dieser Rückzug wurde im Ausland als ein Schritt auf die Restauration hin verstanden. In Wirklichkeit gab es in den wichtigsten Produktionszweigen kein Privatkapital mehr, sondern nur in der Produktion von Gebrauchsgütern. Schwerindustrie, Grund und Boden, Banken, Transport und Außenhandel blieben in den Händen des Staates. Lenin hielt den Rückschritt nicht für eine Gefahr, gefährlicher schienen ihm Hunger und Mangel, die das Proletariat schwächten und ihm die Möglichkeit nahmen, »kleinbürgerlichen« Gefühlen von Unsicherheit und Verzweiflung zu widerstehen.

Die Regierung richtete sofort alle Anstrengungen darauf, aus dem ökonomischen Chaos herauszukommen und die industrielle und landwirtschaftliche Produktion auf den Stand der Vorkriegszeit zurückzuführen.

Die Lasten für die Bauern wurden tatsächlich erleichtert; die Naturaliensteuer wurde 1921–22 um die Hälfte gesenkt und 1922–23 noch einmal um 10 %.

Sie wurde außerdem vereinfacht: Schon Anfang 1922 wurden die zahlreichen Formen von Naturaliensteuer durch eine einzige ersetzt, die in Weizen oder Roggen ausgedrückt wurde.

1924 schließlich wurde die Naturaliensteuer in eine Geldsteuer umgewandelt; sie behielt jedoch ihren Klassencharakter, denn sie lastete schwerer auf den reichen Bauern (5,6 %) als auf den mittleren (3,5 %) und den armen (1,2 %).

Die dringendste Aufgabe war zweifellos die Ankurbelung der Landwirtschaft. Im Jahre 1921 gab es eine schreckliche Dürre, insbesondere in den Regionen der Wolga, des Ural, der Ukraine, wo die Ernte nur ein Viertel des Vorkriegsstandes erreichte, und Kasachstans. Die Hungersnot betraf mehr als zwanzig Millionen Menschen. Sie bewegte das Ausland zu Hilfeleistungen, die insbesondere von internationalen proletarischen Organisationen kamen; in der UdSSR führte eine am 18. August 1921 gegründete Sonderkommission einen schwierigen, aber wirkungsvollen Kampf. Im Jahre 1922 veränderten eine gute Ernte und die ersten Auswirkungen der NEP die Atmosphäre in den Dörfern.

Ende 1921 konnte die Regierung erklären, daß das, was »Banditentum« der Kulaken genannt wurde, liquidiert sei. Es wurden große Anstrengungen zugunsten der Bauernschaft unternommen; zwischen 1923 und 1926 wurden den Bauern vierhundert Millionen Rubel zugeteilt, um auf dem Lande kollektive Organisationsformen von Produktion und Handel zu begünstigen, die bis dahin nur vereinzelte Experimente oder Reaktionen der Anpassung gewesen waren. Die Regierung brachte technische Hilfe bei, viele neue Traktoren wurden eingesetzt, deren nationale Produktion zunahm, die jedoch noch vorwiegend aus dem Ausland importiert werden mußten, ebenso wie Kunstdünger. In den Jahren 1924–25 überstiegen die Anschaffungen die Amortisierung von Traktoren; das Material wurde zu einem gesenkten Preis geliefert, und der Staat bezahlte die Differenz. Es wurden Zucht-Gestüte und -Ställe geschaffen, und in Moskau fand eine erste Landwirtschafts- und Handwerksausstellung statt.

Im Jahre 1925, als die NEP ihren Höhepunkt erreichte, erreichte der Wert der landwirtschaftlichen Produktion 95 % desjenigen der Vorkriegszeit (1913); die Züchtung hatte einige Fortschritte gemacht (außer bei den Pferden). Doch liegen die Dinge anders bei dem für den Markt bestimmten Teil der Produktion, die im Verhältnis zu 1913 beim Korn kaum 20 % überschritt und 35 % bei Fleisch und Speck. In der Zeit von 1922 bis 1927 waren es vor allem wirtschaftliche Motivationen, die sie voranbrachten; der Marsch auf dem Weg zum Sozialismus schien stillzustehen. Nicht daß das mehr oder weniger weit entfernte Ziel des Kommunismus aus den Augen verloren worden wäre, noch daß eine Gesellschaftspolitik aufgegeben worden wäre, die von den ersten Maßnahmen der Nationalisierung ausgehend einen Entwurf des Sozialismus darstellte. Es gab auch keinen Rückzug, keine wirkliche Rückkehr zum System des Kapitalismus innerhalb der Grenzen, in denen er verschwunden war; die Notwendigkeiten der Produktion indessen schläferten den Arbeitscode von 1922 ein, der den Arbeitern ernsthafte Garantien gab.

Doch war es nicht das industrielle Problem, das die NEP charakterisierte; die Fabrik gehörte dem Arbeiter nicht; die Regierung hatte alle Ansätze einer extremen Linken zur Selbstverwaltung beschnitten, die nur noch im Innern des Regimes verhandelt wurden. Das Verhältnis zwischen der Industrie und dem Staat brachte dennoch eine Arbeiteropposition im Rahmen der Gewerkschaft hervor, die eine eigene Vorstellung vom Weg zum Sozialismus hatte.

Nichts dergleichen geschah auf dem Lande innerhalb der bäuerlichen Masse, die in ihrer Mehrheit unmittelbarer Nutznießer der Oktoberrevolution gewesen war, dann furchtbar unter dem Kriegskommunismus gelitten hatte und den Eindruck gewann, daß ihr die Errungenschaften aus der Aufteilung der Adelsgüter entglitten. Die Erde gehörte dem Bauern, und die Renaissance des Mir war wohl kein Schritt auf dem Wege zum Sozialismus. Doch die individualistische, ihrer Erde und ihren Bräuchen verbundene Bauernschaft war nun einmal das wesentliche Element der Wirtschaft, nicht allein durch ihre unabdingbare Produktion, sondern auch weil angesichts des elenden Zustands der Industrie allein die Landwirtschaft zur Investition beitragen und die wirtschaftliche Entwicklung vorantreiben konnte. Der Wiederaufbau der Wirtschaft brauchte den sozialen Frieden auf dem Lande und die bäuerliche Produktion.

Unter diesen Bedingungen konnte es nicht in Frage kommen, den landwirtschaftlichen Sozialismus in kollektivistischer Gestalt zu verwirklichen, es sei denn, in der Zukunft; in dieser Hinsicht bedeutet die NEP eine Pause. Sie stellte ein gemischtes Wirtschaftssystem dar, in dem praktisch ein vom Staat streng kontrollierter Kapitalismus (zumal in der Landwirtschaft) mit den Errungenschaften der Revolution (zumal im industriellen Bereich und im Außenhandel) koexistierte, während die NEP für den Augenblick noch in den Sektoren der Kleinproduktion das freie Unternehmen begünstigte. Für die Bauern waren die Entscheidungen über die Erleichterung der Abgaben von der Wiederherstellung eines freien Marktes begleitet, die sich in einem neuen Licht der Ermunterung zur Produktion zeigte.

Während der gesamten Periode, die mit der Aufstellung des ersten Fünfjahresplans endete, wurde die Reflexion der führenden Kommunisten über die Zukunft des Sozialismus und die Modalitäten seines Aufbaus vorangetrieben und drang mit ihren Argumenten auch in die Praxis der NEP ein, schuf Gegensätze zwischen den einzelnen Funktionären. Während der NEP, die mit Experimenten, mit vereinzelten und vielfältigen Versuchen kollektiver Formen der Nutzung und Verteilung durchsetzt war, wurden die

Entwürfe von Wirtschaftsplänen ausgearbeitet und die statistischen Materialien zusammengetragen, die den ersten auf die Revolution folgenden Vorstoß des Sozialismus mit der Herstellung der Grundlagen eines kollektivistischen Sozialismus in der Gesamtwirtschaft ab 1928 verbinden.

Während der gesamten NEP führte die Bemühung der Regierung um ein Bündnis der Bauernschaft mit dem Regime, um die Akzeptierung einer früheren oder späteren kollektiven Organisation, zu häufig wiederholten Untersuchungen der Lage der Bauern gemäß den sozialen Kategorien der Bauernschaft, um in ihr eine Stütze für die Verwirklichung eines Bündnisses zwischen Arbeitern und Bauern auf der Basis des Sozialismus zu finden.

Die große Masse der Bauernschaft bestand aus »mittleren« Bauern (Serednjaki); sie stellten 1925 einen Anteil von 64 % dar (Bericht einer Sonderkommission von 1927). Die Verteilung der bäuerlichen sozialen Kategorien zu dieser Zeit (eine Übersicht, die natürlich nur Annäherungswert hat, die jedoch die Regierungspolitik erklärt) sah folgendermaßen aus:

64,7 % Serednjaki
24,0 % Bjednaki
6,9 % Kulaken

Die Unterbrechung auf dem Weg zum Sozialismus erklärt sich hinreichend durch das Faktum, das Lenin 1920 auf dem X. Parteitag der KP meinte, daß der unmittelbare Übergang zu rein sozialistischen Formen die Aufgaben der Regierung überschritten hätte, und daß es erforderlich sei, nicht nur ein Bündnis mit den armen, sondern auch mit den mittleren Bauern herzustellen, die zwar auf der gesellschaftlichen Ebene suspekt, aber keine erklärten Feinde des Regimes waren.

Wenn Lenin auch aus Gründen der Zweckmäßigkeit ohne Zögern rigoroseste Maßnahmen ergriff, verabscheute er doch im übrigen auf der Ebene der langfristigen Politik den Zwang und strebte den Kollektivismus als fernes Ziel an, für das die sowjetische Bauernschaft noch kaum vorbereitet war und erst durch Übergangsformen der Kooperation hindurchgehen mußte. Lenin erklärte auf dem 3. Kongreß der Komintern, daß es nötig sei, »die Bauernschaft zu leiten und sich fest mit ihr zu verbünden, um eine lange Reihe von graduellen Übergängen zur mechanisierten Großlandwirtschaft zu verwirklichen«.

Die politisch-ökonomische Diskussion im Zusammenhang mit der NEP

Wenn die Annahme der NEP auch zeigte, daß die bolschewistische Partei die wirtschaftliche Entwicklung als Vorbedingung für den Aufbau des Sozialismus ansetzte, waren doch keineswegs alle einer Meinung über die Modalitäten und den Rhythmus jener Entwicklung, die ja in der Tat die Zukunft des Sozialismus betrafen. Die Diskussionen hatten jedoch letztlich nur eine theoretische Relevanz. In dem nach Lenins Tod (1924) gebildeten Triumvirat aus Kamenew, Sinowjew und Stalin stützte sich letzterer, seit 1922 als Generalsekretär der Partei, auf einen bürokratischen Anhang, errang sehr rasch eine Autorität im Zentralkomitee, die es ihm ermöglichte, nacheinander eine Linksopposition und eine Rechtsopposition auszuschalten, und setzte ab 1925, nicht ohne auf Widerstand zu stoßen, seine Politik durch. Schon im Dezember 1924 hatte er aus dem »Sozialismus in einem Lande« eine neue Lehre gemacht, die sich übrigens durch die Niederlage der Revolution außerhalb der Sowjetunion rechtfertigte, sich aber als Antwort auf die marxistische Orthodoxie unter den besonderen Bedingungen im Land darstellte. Praktisch sollte der Übergang zum Sozialismus, gemäß dem von Lenin gezeigten Weg, durch die Industrialisierung führen und durch die Kooperation, welche die Integration der Bauern in eine sozialistische Gesellschaft ermöglichen sollte. Was jedoch den zweiten Punkt betrifft, beschleunigte Stalin in Anbetracht des relativen Scheiterns der NEP drei Jahre später die Sozialisierung durch die Zwangskollektivierung.

Trotzki, der erst kurze Zeit Bolschewist war, aber Lenin am nächsten gestanden hatte, war der erste, der eliminiert wurde. In einem Brief an das Zentralkomitee von Anfang Oktober 1923 wies er auf die drohende Gefahr einer Degenerierung der Partei und die Allmacht ihres Generalsekretärs hin, mit Argumenten, die im selben Monat von einer »Plattform« von 46 Bolschewisten der alten revolutionären Garde aufgenommen wurden. Er setzte seine Kampagne fort, indem er einen »neuen Kurs« forderte: Es handele sich darum, gegen die Bürokratie in den höchsten Kadern der Partei zu kämpfen, die diese von den Massen abschneide, und sobald wie möglich dem Land eine mächtige Schwerindustrie zu geben. Beim XIII. Parteitag (Januar 1924) wurde Trotzki des »antibolschewistischen Revisionismus« geziehen. Während er nach dem Tod Lenins unablässig des »kleinbürgerlichen Abweichlertums« angeklagt wurde, verlor er seinen Posten als Volkskommissar für den Krieg (1925), blieb aber gegen den Vorschlag von Kamenew und Sinowjew (die ihn aus der Partei ausschließen wollten) aufgrund von Stalins Entscheidung Mitglied des Politbüros.

Bald jedoch spaltete sich die Troika; die Ergebnisse der NEP, waren sie auch auf der wirtschaftlichen Ebene real, konnten auf der gesellschaftlichen Ebene für einen Kommunisten fragwürdig sein, da eine Wiedergeburt der dörflichen Bourgeoisie und aufstrebender Händler (der Nepman) in den Städten sichtbar wurde.

Auf dem XIV. Parteitag der KP im Dezember 1925 wandten sich Kamenew und Sinowjew gegen Stalin und bemängelten seine Verwaltung; Stalin fand Zustimmung bei der überwältigenden Mehrheit des Parteitags, welcher die Heftigkeit der Diskussionen über die allgemeine Linie der Wirtschafts- und Gesellschaftspolitik bezeugte und zugleich die Stärke der Opposition gegen die NEP. Die offizielle Geschichte der Kommunistischen Partei spricht Stalin das Verdienst zu, einen Mittelweg verfolgt zu haben. Aufgrund der Tatsache, daß die UdSSR vorwiegend ein Agrarland wàr, wurde der Entwicklungsplan von Sinowjew abgelehnt, weil er zur Versklavung des Landes führe. Was die »neue Opposition« betraf, die keine Schwierigkeit hatte, zu zeigen, daß die Staatsindustrie keine sozialistische Industrie sei, und daß für den Aufbau des Sozialismus die mittleren Bauern nicht mit der Arbeiterklasse verbündet sein könnten, so wurde sie von Stalin als »menschewistisch-trotzkistisches« Manöver denunziert. Am Ende des Kongresses wurden Molotow, Kirow, Woroschilow, Kalinin und einige andere Regierungsmitglieder nach Leningrad geschickt, um den Ungehorsam der »Leute mit doppeltem Gesicht« im Komitee der kommunistischen Jugend der Stadt zu bekämpfen, die sich mit Sinowjew geweigert hatten, die Entscheidungen des Parteitags anzuerkennen.

Stalins Diktatur wurde zwar noch in Frage gestellt, festigte sich aber bereits 1925; seine vorsichtige, gewandte, den Umständen angepaßte Politik, die erst bei der rechten, dann bei der linken Opposition Anleihen machte und die eine gegen die andere ausspielte, machte es ihm möglich, zunächst die »vereinte Opposition« auszuschalten, wo sich Sinowjew, Kamenew, Trotzki und die alte Arbeiteropposition (Schljapnikow) zusammenfanden, indem Trotzki und Kamenew vom Parteitag (Oktober 1926) aus dem Politbüro ausgeschlossen wurden (Sinowjew verlor die Präsidentschaft der Komintern); im folgenden Jahr im Oktober wurden Trotzki und Sinowjew aus dem Zentralkomitee ausgeschlossen. Zum zehnten Jahrestag der Revolution organisierte Trotzki Straßendemonstrationen in Leningrad, Moskau und Charkow. In Moskau trug Trotzkis Zug Schilder, von denen eines »den Kulaken, den Nepman und die Bürokratie« beschuldigte. Die Antwort der Partei, die eine große Anzahl von Anhängern ausschloß und beim XV. Parteitag (Dezember 1927) einen Aufruf zur Unterwerfung erließ, spaltete die Opposition; die Trotzkisten weigerten sich, nachgiebig zu sein; Trotzki wurde nach Alma Ata verbannt (Anfang 1928); er sollte im nächsten Jahr gänzlich vertrieben werden.

Sinowjew und Kamenew unterwarfen sich. Die vereinigte Opposition war unter dem Einfluß von Bucharin ausgeschlossen worden, der, unterstützt von Rykow und Tomski, meinte, den unabdingbar monolithischen Charakter der Partei mit einer Wirtschaftspolitik der Mäßigung und Biegsamkeit versöhnen zu können. Beim Nachdenken über die möglichen Formen des Wegs zum Sozialismus im Fall, wo die Revolution auf ein unterentwickeltes Land beschränkt bliebe, war Bucharin zu der Überzeugung gekommen, daß den Kulaken die Möglichkeit zur Akkumulation belassen werden müsse, damit das Wachstum der ländlichen Wirtschaft die für die Industrialisierung erforderlichen Märkte und Kapitalien bereitstelle, während der Staat die notwendigen Hebel und die Wirtschaftslenkung für sich behalten solle. Sicherlich, sagte er, eine solche Entwicklung wird nur langsam vorangehen, aber der Weg zum Sozialismus »im Schildkrötentempo« wird weniger bedenklich sein als eine erzwungene Industrialisierung durch den Staat. Eine Politik, die Bucharin schon 1925 illustriert hatte: »Den Bauern, allen Bauern müssen wir sagen: Bereichert euch, baut eure Höfe aus, glaubt nicht, daß auf euch Zwang ausgeübt wird!«

Indessen sollte sich die Ansicht Bucharins bald selbst in der Opposition wiederfinden. Bereits 1927 machte sich die Regierung für eine Beendigung der NEP und für eine Politik der »sozialistischen ursprünglichen Akkumulation« stark, deren »objektive Gesetze« der Nationalökonom Preobraschenski definiert hatte: Um den kapitalistischen Mächten zu widerstehen, sei es notwendig, daß der

Staat in erster Linie die Herstellung von Produktionsmitteln organisiere und ohne Zögern Druck auf die bäuerliche Wirtschaft ausübe und den Konsum einschränke, um die notwendigen Investitionen zu ermöglichen. »Die Vorstellung, daß eine sozialistische Wirtschaft sich von allein entwickeln könne, ohne die Ressourcen des Kleinbürgertums einschließlich der bäuerlichen Wirtschaft anzugreifen«, schrieb er, »ist ein reaktionärer Gedanke, eine kleinbürgerliche Utopie«. Der offizielle Ausgangspunkt des ersten Fünfjahresplans war der 1. Oktober 1928. Die Rechtsopposition, die beschuldigt wurde, sich mit dem Kapitalismus arrangieren zu wollen und zunehmend durch ihre Beziehungen zu Trotzki kompromittiert wurde, welcher von Alma Ata aus einen Appell an die Kommunisten der ganzen Welt gegen Stalins »umgekehrten Kerenskismus« richtete (was ihm die Vertreibung einbrachte), wurde gezwungen, sich ihrerseits zu unterwerfen. Bucharin wurde aus dem Politbüro ausgeschlossen. Die physische Liquidierung dieser Rechtsopponenten geschah erst einige Jahre später.

Die unbestrittene Diktatur Stalins, begleitet vom Personenkult, sollte erst nach dem Erfolg des ersten Fünfjahresplans und dem Parteitag der sogenannten »Sieger« (1934) vollständig sein. Es ist indessen vielleicht gestattet, sich nach den Gründen für Stalins Sieg über die Opposition zu fragen, die im Jahre 1929 praktisch ausgeschaltet war. Zweifellos genügt es nicht, auf den Machthunger und den blutrünstigen Charakter von Stalins Diktatur zu verweisen (Bucharins »Dschingis-Khan«). Näher an der Wirklichkeit dürfte jene Interpretation sein, die einen Gegensatz zwischen den Intellektuellen sieht, die kein politisches Gefühl haben, und dem Mann des konkreten Alltags, der die dringenden Angelegenheiten einzuschätzen weiß. Besonders Suwarin hat richtig die taktischen und strategischen Fehler der Opposition gezeigt, die »kreuz und quer Schläge austeilte« und von einer sterilen Abwartehaltung zu hoffnungsloser Offensive überging. Es ist wohl unmöglich, einen Konflikt auf den Gegensatz zwischen zwei Männern, Trotzki und Stalin, zu begrenzen, der sechs Jahre dauerte und das Schicksal der UdSSR aufs Spiel setzte. Ist es richtig, zu jener Erklärung zurückzukehren, die Trotzki selbst in *Die verratene Revolution* gegeben hat, wenn er den Niedergang der revolutionären Bewegung darlegte, die Niederlagen in Asien und Europa, welche die Positionen der internationalistischen Revolutionäre schwächten und dadurch die Stellung einer nationalistischen und konservativen Bürokratie stärkten, einer neuen parasitären Kaste, die sich in einem Rußland »des Thermidor« einrichtete? Oder darf man im Stalinismus den Sieg einer bestimmten Vorstellung von der Entwicklung der Sowjetunion sehen, die auf einer realistischen und hellsichtigen Anschauung von der Geschichte beruhte und in der Lage war, »die Grundlagen für die erste sozialistische Gesellschaft in der menschlichen Geschichte zu legen« (G. Procacci)? Gewiß hatte die Opposition in vielen Punkten nicht Unrecht, und die Anklage gegen die ungenügende innerparteiliche Demokratie, gegen die Privilegien der Bürokratie enthielt ein Stück Wahrheit; doch im wesentlichen Punkt scheint sie unrecht gehabt zu haben: in der Weigerung, die These vom »Sozialismus in einem Lande« anzuerkennen, die den Aufbau des Sozialismus in der UdSSR ermöglichte (Elleinstein).

IV. Die Schule und der Aufbau des Sozialismus

Einer der wesentlichen Punkte im bolschewistischen Programm war der Kampf gegen das Analphabetentum und die Entwicklung der Bildung, wodurch gleichzeitig das Niveau der technischen Fertigkeiten wie des politischen Bewußtseins der Massen gehoben werden sollte. Während der 20er Jahre blieb das Programm in Wirklichkeit theoretisch. Die Desorganisierung des Lehrkörpers durch die Säuberung des zu einem großen Teil menschewistischen Personals, aber vor allem die Priorität des Existenzkampfes während des Kriegskommunismus und der Mangel an Krediten, die Schwierigkeiten der Einstellung von Lehrern und Professoren in ausreichender Anzahl während der NEP verhinderten, zumal auf dem Lande, große Fortschritte vor dem ersten Fünfjahresplan. Dennoch zeigten sich das Bedürfnis und der Wunsch nach Bildung mit einer vom revolutionären Klima begünstigten Heftigkeit und gingen den offiziellen Realisierungen voraus. Eine dem Aufbau des Sozialismus angepaßte Schule war der erste Plan der bolschewistischen Regierung.

Das Dekret vom 16. Oktober 1918 setzte die Einheitsschule der Arbeit ein, deren Statuten die alten Strukturen der Lehre zerstörten, die verschiedene Kategorien von Anstalten in einem einheitlichen System zusammenfaßten und die verschiedenen Kategorien von Lehrern zu einer einzigen Gruppe von »Arbeitern an der

Front der öffentlichen Schulung« mit gleichen Gehältern. Die Tätigkeit der neuen sowjetischen Schule sollte mit den Gestalten der Arbeit und der Produktion verknüpft, dem geographischen Milieu und den Notwendigkeiten der Spezialisierung angepaßt und von aktiven Methoden, insbesondere der der »Komplexe«, beseelt sein; sie sollte die freie Entfaltung des Menschen sichern und den Geist des Kollektivismus bei der schweren Aufgabe des Aufbaus des Kommunismus entwickeln. Die Arbeitsschule organisierte sich vom Schulsowjet her und verfügte über eine große Autonomie. Als »soziale und pädagogische Commune«, demokratisch verwaltet, als Präfiguration der künftigen Republik ohne Klassen und ohne ideologische Verbildungen, »ohne Herr und ohne Gott«, lehnte die Einheitsschule der Arbeit jede Indoktrinierung und jede Unterordnung entschlossen ab, woher sie auch immer kommen mochte: Jeder einzelne Schüler und das Kollektiv in seiner Gesamtheit verfügten über das Recht absoluter Selbstbestimmung (S. Sedryka). Die Einheitsschule der Arbeit überdauerte den Kriegskommunismus; aber schon das Schulprogramm der Partei vom März 1919 schränkte ihre Autonomie ein und präzisierte ihre Pflichten. Als Instrument der Verwandlung der Gesellschaft, aber zunehmend der Notwendigkeit unterworfen, Techniker und Kader bereitzustellen, wurde sie von ihren ursprünglichen Zielen immer mehr abgelenkt und wich einer Organisation, in der die Dreiteilung der Lehre wiederauftauchte, die klassischen Methoden der Allgemeinbildung und die Bemühung um berufliche Vorbereitung, und in der sich die Sorge um moralische und politische Bildung durchsetzte.

Die erste Konferenz der Partei über die Volksbildung (Ende 1920 bis Anfang 1921) hatte den von der Schule verfolgten »utopischen Weg« verurteilt. Lunatscharskij gab zu, daß es ein Fehler gewesen sei, die »bürgerliche Schule« zu zerstören, und daß die Anpassung an die Realität die Aufgabe der ehrgeizigen Pläne aus den revolutionären Jahren erfordere. Von der Ideologie ging die Schulpolitik zum Pragmatismus über (Anweiler). Aber die Gefahren, die die NEP für den Aufbau des Sozialismus mit sich brachten, führten gleichzeitig zu einer Verhärtung in der Politik der Partei, die ihr Erziehungsmonopol verstärkte. Von 1927 an, im Rahmen des ersten Fünfjahresplans, war es mit der Arbeitsschule und ihrem anarchischen Idealismus vorbei. Die schulische Kommune mußte sich in ein utilitaristisches Erziehungssystem integrieren, effizient für den Augenblick und konform einem Sozialismus »von oben«, der zum offiziellen Programm geworden war.

Die beträchtlichen Anstrengungen der Regierung, das Analphabetentum zu bekämpfen, ein Schulwesen gemäß ideologischen und zugleich ökonomischen Zielen zu reorganisieren, waren bis dahin an finanziellen Schwierigkeiten, an Lehrermangel, im Grunde am riesigen Umfang der Aufgabe gescheitert. Das Budget für die Erziehung erreichte erst 1927 den Vorkriegsstand. Nach einem Rückgang zu Beginn der NEP nahm die Anzahl der eingeschulten Kinder wieder zu; die Primarschulen, die Schulen von sieben und von neun Jahren, zusammen mit den Sekundarschulen hatten 1927 drei Millionen mehr Schüler als 1924. Doch am Vorabend des ersten Fünfjahresplans konnte immer noch die Hälfte der Bevölkerung als analphabetisch betrachtet werden. Und nur 60 % der Kinder im Alter, in dem sie in die Primarschule gehen sollten, taten dies wirklich. Es muß allerdings hinzugefügt werden, daß diese schwachen Prozentzahlen (Mittelwerte) mit der Situation der nichtrussischen Bevölkerung, zumal der asiatischen, verbunden sind, wo fast totales Analphabetentum herrschte. Im »europäischen« Rußland unterschieden sich die Prozentzahlen stark für Stadt und Land, in der Nähe der Städte und in abgelegenen Gegenden, und auch nach den Geschlechtern. Die vollständige Alphabetisierung der Bevölkerung war jedoch noch fern. Im gesamten Territorium der Union hatte das Unterrichtswesen eine föderative Basis, um den nationalen Besonderheiten Rechnung zu tragen; die ideologische Einheit wurde durch ein Corps von Inspektoren (wieder eingeführt im Jahre 1923) gesichert, sowie durch die Aktivität der Jugendverbände (Komsomolzen) und der Lehrervereinigungen. Die Erfordernisse der Produktion erlaubten es kaum, ein Gleichgewicht zwischen Allgemeinbildung und beruflicher Lehre herzustellen oder den polytechnischen Unterricht zu verallgemeinern. Die Fabrikschulen, die mit einer marxistischen Erziehung eine moderne industrielle Lehre verbanden, wurden nach den Beschlüssen des XIII. Parteitags (1923) gegründet; nach den Direktiven von Lunatscharskij und Krupskaja sollten sie nicht »gute Diener der Maschinen«, sondern »Meister der Produktion« heranbilden; indessen waren sie nicht sehr zahlreich, hatten im Jahre 1927 weniger als 100 000 Schüler und waren gegen 1929 zu Berufsschulen geworden (Textilien, Metallverarbeitung, Eisenbahn). Die Schulen der Landjugend, die ebenfalls seit 1923 entstanden waren, hatten im Jahre 1927 etwa die gleiche Schülerzahl. Ihre Relevanz bemißt sich jedoch an dem Maß, in dem diese Schulen technische und politische Kader ausbildeten. Ebenso verhält es sich mit der Institution der Arbeiterfakultäten (Rabfak), die seit 1919 geschaffen wurden, aber erst seit 1923 eine wichtige Rolle spielten: 122 Arbeiterfakultäten mit etwa 50 000 Studenten lieferten im Jahre 1926 den Universitäten ein Drittel ihrer Studentenzahl. Die Arbeiterfakultäten, die sich zur Hälfte aus Studenten proletarischen Ursprungs (Arbeitern und Bauern) zusammensetzten, haben einen Teil der politisch leitenden Schichten in der UdSSR ausgebildet. Obwohl die Schulpolitik während der NEP reich an Initiativen war, konnte sie doch die neuen Bedürfnisse nicht zufriedenstellend beantworten. Mit dem ersten Fünfjahresplan erst entwickelte sich eine wirksame Alphabetisierungskampagne und organisierte sich ein Netz von schulischen und universitären Einrichtungen, deren Programme eng mit den Fortschritten der Industrialisierung verbunden waren: Zu diesem Zeitpunkt begann auch erst die von Lenin erwünschte »sozialistische Kulturrevolution«, die die wirtschaftliche Entwicklung des Landes begleiten sollte. In einer seiner letzten Reden sagte Lunatscharskij, dem 1929 ein »Politiker«, A. S. Bubnow, von 1922 bis 1923 Leiter der Propagandadienste, folgen sollte, daß die Verzögerung der kulturellen Entwicklung die Gefahr mit sich bringe, die wirtschaftliche Entwicklung und zugleich den Aufbau des Sozialismus in Frage zu stellen. Die Sowjetunion müsse die durch Massen von Technikern, Ingenieuren und Gelehrten gebildeten kapitalistischen Kräfte einholen und überholen, doch in einem proletarischen Geist, im Kontext eines Klassenkampfes, durch den der »kleinbürgerliche« Geist der NEP verschwinden müsse. Die Aufgabe der NEP, die Strömung von 1928 mit der Durchführung des ersten Fünfjahresplans kennzeichnen den Beginn einer neuen Schulpolitik, die von Bubnow vereinfacht und militärisch durchgeführt wurde, mit mobilisierenden Losungen und gewaltigen Zielen: Abschaffung des Analphabetentums und obligatorische Allgemeinschulung für 1931, Polytechnisierung der Schule, beschleunigte Bildung von Kadern, technische Fortbildung der Arbeiter und der Kolchosenmitglieder, kulturelle Aktivität der Massen auf dem Lande wie in der Stadt, Verbreitung des Wirtschaftsplans und der

Kollektivierung.

Das militärische Vokabular, das für die industrielle Mobilisierung benutzt wurde, war auch das der Kulturrevolution. Auf dem »Schlachtfeld der Kultur« wurden von einem »Generalstab« den Pionieren und Komsomolzen die »Staffetten« gereicht. Der industriellen »Front« entsprach die kulturelle »Front«.

Stalin gab in seiner Rede vor dem VIII. Parteitag (1928) das Signal für den Beginn der »Kulturrevolution« und kennzeichnete ihre Aufgaben: ». . . die Wissenschaft bezwingen, neue Kader von bolschewistischen Spezialisten in allen Gebieten der Wissenschaft heranbilden, . . . lernen . . . mit größter Ausdauer lernen, . . . lernen.« Am 5. April 1929 legte das Zentralkomitee der Kommunistischen Partei die neue politische Linie im Hinblick auf die Kader des Unterrichtswesens fest, die von nichtmarxistischen Elementen gesäubert und durch Funktionäre der Partei und der Komsomolzen in leitenden Positionen vervollständigt werden sollten. Die vorrevolutionäre Intelligentsia und viele apolitische Elemente wurden zugunsten neuer Lehrer ausgeschaltet, deren strenge marxistische Orthodoxie in den Dienst des ideologischen Kampfes gestellt wurde.

V. Landwirtschaftliche Kollektivierung und erster Fünfjahresplan

Die Verwandlung des landwirtschaftlichen Bereichs

Die Partei lancierte beim XV. Parteitag (Dezember 1927) die Losung von der Kollektivierung, das heißt der »Vereinheitlichung und Transformation der individuellen Kleinbetriebe zu großen kollektiven Farmen«, ein Vorgang, der »nur mit der Zustimmung der Landarbeiter durchgeführt« werden konnte, denen eine umfangreiche Propaganda »die Notwendigkeit und den Vorteil« zeigen sollte, »der für sie im zunehmenden Übergang zur kollektiven Nutzung in großem Maßstab« liegen würde. Ebenfalls sollten die kollektiven Betriebe ermutigt werden, »die auf dem Lande bereits bestehen und sich beständig vermehren«.

Die Entscheidung wurde mitten in einer Lebensmittelkrise getroffen. Im Jahre 1927 brachte die Stagnation der landwirtschaftlichen Produktion und die Schwierigkeit, die Städte zu ernähren, eine Rationierung und rigorose Zwangsmaßnahmen zur Sicherung der schwierigen Requisition des Korns mit sich. 1928 verbesserte sich die Situation, aber 1929 mußte die Requisition durch sehr harte Dekrete gesichert werden, die die zur Abgabe ihrer Anteile unwilligen Bauern trafen. Die Kollektivierungskampagne verband sich mit einer Politik der »Liquidierung« der Kulaken als Klasse. Stalin rechtfertigte in seiner Rede vom 27. Dezember 1929 die getroffenen Entscheidungen, indem er eine neue These über die Beziehungen zwischen dem Bauern und der Erde aufstellte, die, so scheint es, weder der historischen Wirklichkeit noch der bäuerlichen Mentalität entsprach: Unter Zurückweisung der These von Engels, nach der der Bauer Zeit haben solle, auf seinem Stückchen Erde nachzudenken, bevor er die Kollektivierung annehme, behauptete er, der russische Bauer sei nicht (wie im Westen) dem Privatbesitz verhaftet, und, abgesehen von einer unbedeutenden Gruppe innerhalb der Kulaken, stehe die bäuerliche Masse der Kollektivierung nicht feindselig gegenüber.

Von 1929 bis 1936 wurde die gesamte Agrarstruktur der Sowjetunion umgestürzt. Das ganze Land ging von der Herrschaft des Privateigentums und der individuellen Nutzung zu der des staatlichen und nationalisierten Eigentums und der kollektiven Nutzung auf dem größten Teil des Bodens über, als persönlicher Familienbesitz blieben nur kleine Parzellen übrig. Die Sowchosen (Staatsgüter) und vor allem die Kolchosen wurden allgemein eingeführt, letztere in zwei von einer taktischen Pause getrennten Etappen (1929–1930 und 1932–1935). Die erste Etappe war ein mit Brutalität geführter wahrhafter »Sturm« gegen die Kulaken, reiche und wohlhabende Bauern, oft aber auch nur als solche angesehen, und dem angeblichen Prinzip des freiwilligen Eintritts in die Kolchose entgegengesetzt. Bei der Anwendung der äußerst rigiden Regelungen wetteiferten die lokalen Behörden untereinander oft in ihrem Eifer und in ihrer Willkür und provozierten damit neben einem gewaltigen Produktionsrückgang einen bäuerlichen Widerstand, der in manchen Gegenden, insbesondere in der Ukraine, ein Klima des Bürgerkriegs schuf. Die Bauern vernichteten ihre Ernte, schlachteten ihren Viehbestand.

Allein im Jahre 1930 wurden dennoch 60 % der Betriebe kollektiviert, jedenfalls dem Anschein nach. Doch in Anbetracht der verhängnisvollen ökonomischen Ergebnisse erinnerte die Regierung daran, daß die Kollektivierung nicht erzwungen werden dürfe, was alsbald das Verschwinden einer großen Zahl von Kolchosen bewirkte: Der Anteil der kollektivierten Güter sank auf 25 %. Die Kollektivierung setzte in einer weniger brutalen, zugleich langsameren und wirkungsvolleren Gestalt durch die den Kolchosemitgliedern gegenüber individuellen, die Kolchose ablehnenden Bauern gezeigte Haltung wieder ein, die ihr Stück Erde behalten durften, aber in Wirklichkeit zunehmend durch Diskriminierung (höhere Steuern, Mangel an Erleichterungen des Tauschs, etc.) ausgeschaltet wurden und im allgemeinen dazu beitrugen, die Arbeiterbevölkerung der Städte zu vermehren.

Wenn man nach den ökonomischen Gründen für die brutale Beschleunigung der Kollektivierung im Jahre 1930 sucht, kann man sie nach M. Lewin in der Überzeugung des Politbüros der Partei finden, daß ohne Kolchosen die industrielle Produktion Gefahr lief, in einer sehr nahen Zukunft zusammenzubrechen. Tatsächlich war die Bewegung der Kollektivierung, soweit sie spontan ablief, Sache der armen Bauern, die mangels Kenntnissen und Produktionsmitteln nicht in der Lage waren, die Kolchose rasch prosperierend und dem Lande nützlich zu machen. So handelte es sich 1930 darum, *alle* mittleren Bauern der Kolchose zuzuführen und die Kulaken durch Deportation auszulöschen, um nicht nur auf der sozialen Ebene durch die Zerstörung der neuen bäuerlichen Bourgeoisie und indirekt der Nepman ein unmittelbares Ergebnis zu erreichen, sondern auch auf der ökonomischen Ebene der Landwirtschaft einen der industriellen Entwicklung entsprechenden Aufschwung zu vermitteln. Der »Pakt mit dem Teufel« (nach Lenins malerischem Ausdruck) war gebrochen.

Gleichzeitig mit der Liquidierung der Kulaken, und um die Ernährung der Städte zu sichern, erhöhte die Regierung die Anzahl der Staatsgüter, der Sowchosen, die auf zur Disposition stehendem Boden, den mehr oder weniger öden Steppen des Südens, errichtet wurden. Einige von ihnen waren »Kornfabriken«, andere spezialisierter, etwa für die Schafzucht. Die Anfänge dieser gewaltigen Domänen, von denen einige 100 000 ha überschritten, waren schwierig, aufgrund der materiellen Bedingungen, der Knappheit an kompetenten Kadern der Agronomie und der Verwaltung. Die Sowchosen vervielfachten sich im Lauf des ersten Fünfjahresplans und spielten zu Beginn des Krieges eine wachsende Rolle in der Agrarwirtschaft. So existierten in der neuen Agrarstruktur zwei

Formen kollektiver Organisation, die eine staatlich (Sowchosen), die andere von sozialistischem Charakter (Kolchosen).

Der Geist des ersten Fünfjahresplans

Die landwirtschaftliche Kollektivierung war eng mit der vollständigen Planifizierung der Wirtschaft verbunden. Bei der 15. Parteikonferenz, Ende Oktober 1926, wurde eine systematische Kontrolle der industriellen Tätigkeit verlangt: »Die Verstärkung der wirtschaftlichen Hegemonie einer weitgehend sozialisierten Industrie über die Gesamtheit der nationalen Wirtschaft ... muß es ermöglichen ..., die fortgeschritteneren Länder (es handelte sich vor allem um die Vereinigten Staaten, auf die man sich während der 20er Jahre bezog) auf der industriellen Ebene in einem relativ kurzen historischen Zeitraum zu überholen.« So ging man allmählich von der statistischen Untersuchung der Kontrollzahlen zu einem wirklichen Produktionsplan über.

Der erste Fünfjahresplan entstand 1927. Schon 1926–27 waren Maßnahmen zur Beschleunigung der industriellen Entwicklung ergriffen worden, die das Investitionsvolumen um nahezu 38 % erhöhten und sich besonders um die Eisen- und Stahlproduktion bemühten (zu dieser Zeit begann der Bau der großen Dnjepr-Talsperre). Am 8. Juni 1927 befürwortete ein Dekret des Rates der Volkskommissare das Vorhaben eines Plans für die Gesamtheit der Union, der Ausdruck der wirtschaftlichen Einheit der Sowjetunion sein und die maximale Entwicklung der Wirtschaft ihrer verschiedenen Regionen auf der Grundlage ihrer Spezialisierungen erlauben würde. Die Rolle des Gosplan wurde gestärkt und die republikanischen Pläne (d. h. die der verschiedenen Republiken) wurden seiner Autorität unterstellt. Die im Plan fixierten Ziele schienen vielen übertrieben und riefen besonders die Kritik von Bucharin hervor, der sie für mit der bäuerlichen Situation unvereinbar hielt. Sicherlich zählte die Regierung stark auf einen revolutionären Fortgang, auf die Wirksamkeit der Propaganda und auch auf eine Strenge, die Vorbehalte und Widerstände hinwegfegen würde. Sie schrieb auftretende Schwierigkeiten dem bösen Willen der bürgerlichen Spezialisten und den ehemaligen Menschewiken und Sozialrevolutionären zu. 1928 wurde ukrainischen Ingenieuren der Prozeß gemacht, die angeklagt wurden, im Sold des Auslands die

Fabriken sabotiert zu haben.

Die Fünfjahrespläne, die Anstrengungen für die Industrialisierung sind von den Zielen des Sozialismus untrennbar, sollten sie doch die Grundlagen für eine neue gesellschaftliche Herrschaftsform bereiten. Und das ist auch die Haltung der bolschewistischen Regierung und der Partei in ihren Berichten auf den Parteitagen. Doch nach der Pause der NEP stellte die Entscheidung, die Entwicklung zu beschleunigen, das Problem der gesellschaftlichen Errungenschaften in dem Maße, in dem sie zum Hindernis für die Produktion, für die Leistungsfähigkeit werden konnten. Die angestrebten Ziele konnten nicht ohne große Opfer der Arbeiterklasse erreicht werden.

Zu Beginn des ersten Fünfjahresplans (1929–30) zählten die Kollektivkonventionen die gewerkschaftlichen Aufgaben auf: »Erhöhung der Arbeitsproduktivität, Konsolidierung der Disziplin, Verbesserung der Qualität etc. ...« Der XVI. Parteitag (Juni–Juli 1930) bestand auf der Pflicht der Gewerkschaften, die Durchführung des Plans zu beschleunigen, und verband die Verbesserung des Schicksals der Arbeiter mit der Expansion der sozialistischen Wirtschaft. Von nun an mußten die von den Gewerkschaften zusammengefaßten Arbeitermassen ihre unmittelbaren Interessen dem Aufbau des Sozialismus opfern. Die Schlacht der Produktion schloß die Waffe des Streiks aus; doch die Unzufriedenheit der Arbeiter zeigte sich durch Krankfeiern und kleine Diebstähle, wogegen die »Produktionsräte« ankämpften, die in den Betrieben gegründet worden waren, um die Ratschläge des Zentralkomitees anzuwenden. Senkung der Ausgaben, Senkung der Selbstkostenpreise, Sparsamkeit an Rohstoffen und Materialien, Kampf gegen schlechte Ausführung, Stärkung der Arbeitsdisziplin, das waren die unmittelbaren Ziele der Gewerkschaften. Schon 1926 hatte der 7. Gewerkschaftskongreß Kontrollkommissionen eingesetzt; Produktionswettbewerbe wurden organisiert, die besten Arbeiter, die aktivsten Betriebe wurden geehrt. In Anbetracht des Zustroms von Hunderttausenden von Arbeitern vom Lande gelang es den Gewerkschaften, eine im Jahre 1928 auf 30 % geschätzte Arbeiterelite für den Produktionskampf zu interessieren. Zu dieser Zeit überstieg der prozentuale Anteil der Arbeiter und Angestellten in Fabriken (3 100 000) an der Gesamtbevölkerung (150 Millionen) den von 1914; 1932 hatte sich die Zahl verdoppelt (6 300 000) und machte nahezu ein Viertel aller Lohnempfänger (28 Millionen) aus. Der zweite Fünfjahresplan, der 1935 begann, sollte die stachanowistische Bewegung lancieren (nach dem Namen des Bergarbeiters Stachanow), die den sozialistischen Wettbewerbseifer in den Dienst der Produktivität stellte und 1936 je nach dem Tätigkeitsfeld 20 bis 25 % der Arbeiter erfaßte.

Die Lohnpolitik entsprach der Produktivitätsanstrengung und vor allem der Verantwortlichkeit; von einer Tendenz zur Nivellierung, die zu Beginn der Revolution ermutigt und während der NEP verurteilt worden war, war man weit entfernt. Tatsächlich waren die Lohndifferenzen so groß, daß sie gewerkschaftliche Proteste und eine Revision der Grundlagenberechnungen der Kollektivkonventionen zwischen 1927 und 1928 hervorriefen: Der Grundlohn der höchsten Kategorie wurde auf 280 % des Grundlohns der niedrigsten Kategorie festgelegt (also ein Verhältnis von ungefähr 1 zu 3). Im Arbeitskommissariat und in den Gewerkschaften zeigte sich jedoch weiterhin eine starke Tendenz, die den offiziell als »kleinbürgerlich« eingeschätzten Egalitarismus verteidigte; sie wurde mit dem ersten Fünfjahresplan des »Opportunismus« bezichtigt und verschwand. Im September 1931 wurde in den Bergwerken und der Eisenindustrie eine neue Lohnskala eingeführt, bei der der Abstand 1 zu 4 betrug; der Fächer öffnete sich immer weiter durch die Ausbreitung der Stückarbeit, mit der der individuelle Gewinn wuchs und bei der die Arbeiter eine bedeutende und graduelle Erhöhung durch jede Überschreitung der Norm erreichen konnten. Die Differenzierung der Einkommen von Arbeitern und Kadern wie auch die Belohnungen überhaupt verfestigten sich gegen Ende des ersten und im Laufe des zweiten und dritten Fünfjahresplans.

Doch das Spiel der Löhne konnte in einer Situation der Knappheit von Gütern des täglichen Gebrauchs und der Existenz eines doppelten Marktes, wodurch die Belohnungen entwertet wurden, kein Ausgleich für die erheblichen Anstrengungen sein, die von den Arbeitern erwartet wurden. In dieser Hinsicht muß die Lage der Arbeiter in den 30er Jahren präzisiert werden.

Die Arbeiterklasse in den 30er Jahren

Die Existenz eines doppelten Marktes, eines offiziellen und eines privaten, deren Preise stark unterschieden waren, führte zu Betrug und Schmuggel, deren sich oft Staatsbetriebe und Kooperativen schuldig machten; der schwarze Markt wurde durch die Knappheit gestärkt, die gleichzeitig mit dem Beginn des ersten Fünfjahresplans eintrat. 1929 wurde das Brot rationiert; die Rationierung wurde bald auf alle Lebensmittel und auf andere Produkte ausgedehnt, die vom Markt verschwanden. Im April 1932 wurde ein Komitee damit beauftragt, die Überreste der Spekulation »privater Händler« zu liquidieren. Diese Maßnahme, die darauf ausgerichtet war, den Handelskreislauf vollständig zu verstaatlichen, führte zunächst zu einer Erweiterung des Schwarzmarktes.

Es ist zu Recht bemerkt worden (Nové), daß die Rückkehr zu direkten Tauschpraktiken in Naturalien die Theorie der Abschaffung des Geldes und des Handels wiederbelebte, die in der Zeit des Kriegskommunismus verbreitet gewesen war, und daß in dem Maße, in dem solche Ansichten eine Haltung bestimmten, die dazu neigte, Kostenüberlegungen zu vernachlässigen, statistische Studien zu verachten und das genossenschaftliche Leben zu verherrlichen, sie den Fortschritt der Planifizierung nicht vereinfachten. Die besten Absichten eines »unzeitgemäßen« revolutionären Geistes vereinten sich in dieser Hinsicht mit den passiven und feindseligen Reaktionen, die ein Teil der Arbeiterklasse den verlangten Opfern entgegenbrachte. Die Regierung war zwischen zwei Notwendigkeiten gefangen, derjenigen, die Produktion zu entwickeln und gleichzeitig die fiskalischen Ressourcen zu vermehren, die für die Investitionen unabdingbar waren, und derjenigen, in der Bevölkerung keine allzu große Unzufriedenheit entstehen zu lassen. Die Schaffung einer Umsatzsteuer im September 1930, die eine Vielfalt von Steuern ersetzte, und die einen wachsenden Anteil an den Einzelhandelspreisen darstellte, wurde zu einem wichtigen Element des Etats. Eine komplexe Handhabung der Preise und der Rationierungsmodalitäten versuchte, die Bedürfnisse der Bevölkerung mit den Finanznotwendigkeiten zu versöhnen.

Im April 1932 waren nur noch Brot, Korn, Heringe, Fleisch, Zucker und Fett – allerdings wesentliche Produkte – rationiert,

Doch die derart verschiedenen Preise, Preise der gegen Coupons verkauften rationierten Lebensmittel, »kommerzielle« Preise verschiedener Stufen, Sonderpreise in Arbeitervierteln, Preise der Kaufhäuser (Univermag), die seit 1932 höher waren als die kommerziellen, Preise der Läden (Torgsin), die gegen ausländische Devisen oder Gold verkauften, erlaubten es nicht jedem Käufer, seinen Bedarf zu decken. Für manche mehr oder weniger seltenen Produkte, die frei zu kommerziellen Preisen verkauft wurden, bedurfte es einer Sondergenehmigung. Die seltensten Produkte (Schuhe zum Beispiel) wurden mit einer Kaufbegrenzung in besonderen Geschäften an eine bestimmte Kategorie von Konsumenten (Verwaltungsbeamte, Kader und Angestellte von Betrieben etc.) verkauft. Diese Diskriminierung wurde vom größten Teil der nicht privilegierten Konsumenten heftig empfunden. Ein mehr oder weniger tolerierter freier Markt blieb in Gestalt kleiner Märkte auf dem Lande bestehen. Was die Märkte der Kolchosen betrifft, wo 1931 die offiziellen Preise angewendet werden sollten, so wurde schon 1932 jegliche Kontrolle aufgegeben.

Im Grunde konnte die Rationierung, die den kollektivierten Sektor und den privaten Handel nicht betraf, den Bedürfnissen nicht entsprechen; 1934 wurden nur noch Brot und Zucker an die Rationsempfänger verteilt (von denen 40 Millionen eingetragen waren); der Druck der Konsumenten auf den privaten Markt ließ die Preise vertikal ansteigen (von 150 bis 200 % in den Jahren 1927/28 und 1930/31 nach Schwarz). Anderseits beteiligten sich der Staat selbst und die Kooperativen am »kommerziellen« Verkauf und schalteten sich in den Privathandel ein; der kollektivierte Sektor unterschied sich in Wirklichkeit so geringfügig vom privaten, daß eine Unterscheidung zwischen organisiertem Sektor (rationiert, normiert) und nicht organisiertem gemacht wurde. Doch der Transfer der Waren von einem zum andern Sektor fand so häufig statt, daß es mitunter Skandale gab, wenn etwa ein Produkt (Milch zum Beispiel) für die Rationsempfänger nicht vorhanden war und sich auf dem Privatmarkt für den vierfachen Preis fand. Der organisierte Markt zerfiel seit 1932; die Rationierung, die immer nur partiell gewesen war, wurde 1935 ganz aufgegeben.

Zweifellos wurden große Anstrengungen unternommen, um der Stadtbevölkerung ein nicht allzu niedriges Lebensniveau zu erhalten, etwa durch soziale Dienstleistungen wie die »öffentlichen

Mahlzeiten« (Kantinen, Gemeindeessen), oder durch die Erleichterung der Frauenarbeit, um den Familien einen zweiten Lohn zukommen zu lassen. Doch der Preisanstieg, der bis zu Beginn des zweiten Fünfjahresplans im Jahre 1933 immer rascher voranging, verhinderte jede Verbesserung der sozialen Lage. Die Schwierigkeiten des täglichen Lebens zu einem Zeitpunkt, wo eine gewaltige Anspannung der Kräfte erforderlich war und die Agrarkollektivierung feindselige Reaktionen auf dem Lande hervorrief, nutzten die sozialistische Überzeugung ab und schufen eine Stimmung, in der das Wort »Sozialismus« mit staatlichem Zwang assoziiert wurde.

Einige die Situation der Arbeiter betreffende soziale Errungenschaften, die zu Beginn der Revolution real waren und im Arbeitscode von 1922 niedergelegt wurden, erschienen bald als Hindernis für die wirtschaftliche Entwicklung, die für eine Erhöhung des Lebensstandards unabdingbar war. Das Gesetz garantierte dem Lohnempfänger eine große Freiheit, Verträge aufzukündigen, und regelte streng die Überstunden, deren Tarife es festlegte. Gegen Ende der NEP wurde eine neue Regelung in die Praxis umgesetzt, um die Mobilität der Arbeiter zu begrenzen und Ertrag und Produktion zu erhöhen, die sich während des ersten Fünfjahresplans ausdehnte. Seit dem Herbst 1930 wurde sie durch eine Kampagne in der öffentlichen Meinung unterstützt, die von der Regierung ausgelöst und von den Jugendorganisationen getragen wurde. Die Mobilität der Arbeiter, die auf der Suche nach den besten Lebensbedingungen von einem Betrieb zum andern wanderten, hatte sich verschärft, insbesondere im Bergbau. Nun wurden der Freiheit des Arbeiters, sich zu verändern, Restriktionen auferlegt; sie betrafen die »Deserteure«, die »Touristen« der Arbeit und gaben sich als Wille der Basis und der von Parteimitgliedern und Komsomolzen angespornten Gewerkschaften. Es entwickelte sich eine Kampagne für die »spontane Bindung« an den Betrieb, für das Unterschreiben von festen Verträgen. Wer sich weigerte, wurde als »Verräter an der Sache der Industrialisierung und des Fünfjahresplans« betrachtet. Der Zentralrat der Gewerkschaften stellte sich im September 1930 die Aufgabe, »alle technischen Angestellten dazu zu veranlassen, sich spätestens am 1. Oktober freiwillig an den Betrieb zu binden«, und erwartete von ihnen, daß sie sich bereit erklärten, beim ersten Aufruf der Partei oder der Regierung sich an die schwächsten Punkte der industriellen Front zu begeben.

Gleichzeitig wurden die Techniker für ihre Treue zum Unternehmen mit Vorteilen belohnt, mit Beförderungen, besseren Wohnungen, Benutzung von Urlaubs- und Erholungszentren, besserer Ausbildung ihrer Kinder und Sonderzuteilungen von rationierten Produkten.

Die Kampagne für die spontane Bindung an das Unternehmen hatte die Aufkündigungen von Arbeitsverträgen nichtig gemacht, selbst wenn sie dem Artikel 46 des Code entsprachen. Ab September 1930 wurden sie als einseitiger Bruch und Störung der Arbeitsdisziplin betrachtet, die mit dem dauernden Ausschluß von der Arbeitslosenhilfe bestraft werden konnte; es wurde der Fall offensichtlichen bösen Willens vorgesehen; wenn ein Arbeiter seinen Arbeitsplatz mehr als zweimal innerhalb von zwölf Monaten verließ, wurde er Sanktionen unterworfen. Die Härte der Arbeitsdisziplin wurde etwa durch die Verpflichtung gekennzeichnet, den Grund des Ausscheidens im Lohnbuch festzuhalten. Doch erst 1938 wurde das Arbeitsbuch geschaffen. Die Einschränkungen der Überstunden im Code von 1922 wurden ebenfalls nicht mehr beachtet.

In der fieberhaften Atmosphäre des ersten Fünfjahresplans rühmten die Fabriken sich mit der Aufstellung von Rekorden, die in der Presse ein lautes Echo fanden. Der »sozialistische Wettbewerb« brachte die Vervielfachung der Überstunden mit sich, die keineswegs immer bezahlt und oft von den Fabrikdirektoren erzwungen wurden. Wenn es sich um die Montage importierter Maschinen handelte, kam noch Nationalstolz hinzu, die ausländischen Normen zu überschreiten. Es ist sicher, daß diese Rekorde, die Energie und Geschicklichkeit voraussetzten, zumal die jungen Arbeiter beeindruckten, welche eine wachsende Mehrheit der Belegschaften darstellten. Die Masse folgte und billigte die von den Fabrikversammlungen ausgegebenen Losungen. Wenn es Widerspruch oder Bedenken gab, so kamen sie eher von höheren Instanzen, zumal von Gewerkschaftsführern, die alsbald als Rechtsabweichler beschuldigt wurden.

Dieser »Fanatismus« (Schwarz) der Überstunden verlängerte die Dauer des Arbeitstages, die ohnehin schon oft die legalen acht Stunden überschritt. Die Direktoren konnten einen Zehnstundentag bei normalem Lohn erzwingen. Die Dauer und die Verteilung der Arbeit war in Wirklichkeit von Betrieb zu Betrieb sehr unterschiedlich. Im Oktober 1927 war der Siebenstundentag eingeführt worden, der es ermöglichte, die kontinuierliche Produktion in drei Schichten besser zu organisieren und die Nachtarbeit zu intensivieren. Um die kontinuierliche Nutzung der Maschinen und damit eine kontinuierliche Produktion zu verwirklichen, was 1929 als eine »große sozialistische Idee« präsentiert wurde, wurden weitere neue Maßnahmen ergriffen, zumal in der petrochemischen und eisenverarbeitenden Industrie; sie dehnten sich bald auf andere Industrien sowie auf Verwaltung und Handel aus und brachten praktisch das Verschwinden von Feiertagen mit sich; zum Ausgleich wurde eine Fünftagewoche (vier Tage Arbeit, ein Ruhetag) geschaffen, in einer Distribution, die an der Zahl jährlicher Arbeitsstunden nicht viel änderte, ob der Tag nun sieben oder acht Stunden hatte.

Doch diese allgemeinen Maßnahmen verhinderten nicht eine große Unterschiedlichkeit der lokalen Arbeitsbedingungen, dem komplexen Ergebnis ihrer Anwendung, der oft willkürlichen Entscheidungen der Chefs und auch der Tätigkeit militanter Vorkämpfer in einem Milieu, wo sich Aktionsdrang und Passivität vermischten.

Aus der Perspektive der Produktion war das System im ganzen erfolgreich und ermöglichte die starke Expansion der industriellen Produktion während des ersten Fünfjahresplans. Doch mit den zahlreichen Kritiken an der Organisation der Arbeit in ihren ökonomischen Auswirkungen vereinten sich andere auf der sozialen Ebene, zumal an der Einführung der kontinuierlichen Arbeit und der damit verbundenen Modifizierung der Verteilung der Ruhetage, die die Familien und die sozialen Gruppen nicht mehr gemeinsam nutzen konnten, das heißt an der Desorganisation der Freizeit.

Die Klagen waren so lebhaft, daß man schon 1937 begann, ein neues System einer diskontinuierlichen Woche von sechs Tagen einzuführen, von dem 1939 75 % der Arbeiter betroffen waren. 1940 mußte man zur traditionellen Woche mit sieben Tagen und dem Sonntag als Ruhetag zurückkehren.

Es hatte sich das Problem der Überanstrengung, der Abnutzung des Menschen gestellt. Die offizielle Wissenschaft unterstützte die Verlängerung der Arbeitszeit. Der Direktor des Instituts für Arbeiterschutz, S. Kaplun, revidierte 1931 die Prinzipien der Arbeitsphysiologie, von denen er meinte, daß sie in gefährlicher Weise »das subjektive Gefühl der Müdigkeit« überschätzten, das nur ein »Hindernis für die nicht schädliche Fortsetzung« der physischen Anstrengung mittels einer Willensanspannung sei. Indem er das übliche Vokabular der ökonomischen Mobilisierung anwendete, sah er in der »traditionellen Theorie der Müdigkeit« eine Waffe des Klassenfeindes, der sich auf der ideologischen Front an seiner »letzten Grabenlinie« halte, um »die sozialistische Offensive des Proletariats« zu verlangsamen.

Diese beträchtlichen Anstrengungen fanden in einer neuen politischen Atmosphäre statt. Stalin, um den sich ein wahrhafter Kult entwickelte, hatte eine zunehmend absolute Macht inne. Er begann bereits einen Terror auszuüben, der unter dem Vorwand des Kampfes gegen eine von ausländischen Verbündeten unterstützte Wirtschaftssabotage die Kader der Industrie und der Planifizierung traf und sich auf die Partei selbst erstreckte. Das Amalgam der Anschuldigungen, die falschen Geständnisse unter der Folter, die exemplarischen Bestrafungen kennzeichneten die Prozesse, die bereits die großen Säuberungen nach 1934 ankündigten. Ein Klima der Strenge und des Verdachts breitete sich auf allen Tätigkeitsebenen aus, mitten in einer Schlacht um die Produktion, in der die Treue der Vorkämpfer mit Deportation oder Tod belohnt werden konnte.

Die erreichten Ergebnisse

Der zweite und dritte Fünfjahresplan hätten eine Pause im beschleunigten wirtschaftlichen Aufbau einführen können, wenn sich nicht der Krieg genähert hätte. Zumindest waren die Ergebnisse gesichert, und in dieser letzten Epoche zeigte sich, daß die in der Zeit von 1929 bis 1933 gelegten Grundlagen die Sowjetunion zu einer neuen Industriemacht gemacht hatten. Die großen spektakulären Schöpfungen (Saporoschje, Magnitogorsk, Kusnezk) waren nur ein Teil des verwirklichten Programms. Am Vorabend des Krieges hatte die UdSSR sich völlig aus der ökonomischen Abhängigkeit vom Westen gelöst.

Während des ersten Fünfjahresplans waren für die Industrialisierung bedeutende Materialkäufe im Ausland, zumal in England, nötig gewesen; im Jahre 1932 etwa wurden mehr als drei Viertel der in diesem Jahr installierten Geräte importiert. 1937 war der Prozentsatz auf 10 % gesunken. Die Realisierung der Pläne und die Unabhängigkeit gegenüber den fortgeschrittensten Ländern des Westens wurden der Regierung gutgeschrieben und stärkten einen Nationalstolz, der indirekt deren Sicherheit unterstützte.

Trotzki selbst hat aus dem Exil diesen Geisteszustand richtig analysiert, wenn er über die nationalisierte Industrie und das Außenhandelsmonopol schreibt: »Das sowjetische System der nationalisierten Industrie und des Außenhandelsmonopols ist trotz all seiner Widersprüche und Schwierigkeiten ein System zum Schutz für *die Unabhängigkeit der Kultur und der Wirtschaft des Landes.* Das wurde selbst von zahlreichen Demokraten verstanden, die von der Sowjetregierung angezogen wurden, nicht aufgrund des Sozialismus, sondern aufgrund eines Patriotismus, der sich die elementaren Lehren der Geschichte angeeignet hatte. Dieser Kategorie gehören die zahlreichen technischen Kräfte der Intellektuellen an und die neue Schule von Schriftstellern, die ich mangels eines geeigneteren Ausdrucks einst ›poputschiki‹ (Weggenossen) genannt habe.«

VI. Eine neue Gesellschaft

Die Umwandlung der sozialen Strukturen

Die Verfassung von 1936 markiert das Ende einer Etappe, eine Stabilisierung des Regimes, das sich allmählich einen Ort verschafft hatte und durch die Agrarkollektivierung zu Beginn der 30er Jahre seine vollendete Gestalt gewonnen hatte.

Indem sie sich auf die theoretische Vorstellung von der »Diktatur des Proletariats« stützte, hatte die bolschewistische Regierung die traditionellen herrschenden Klassen weggefegt, soweit sie die politischen und ökonomischen Kader des Staates ausmachten. Doch wurde die Bourgeoisie des Ancien Régime, zumal die Kleinbürger, integriert, und die Anwendung der NEP ließ eine städtische und zumal eine ländliche Kleinbourgeoisie wiedererstehen. Und der Klassenkampf dauerte auch nach dem Kriegskommunismus an, während der gesamten 20er Jahre und zu Beginn der 30er Jahre. Erst nach der Zwangskollektivierung, durch welche die bäuerliche Gesellschaft vollkommen umgeformt wurde, das heißt also am Vorabend des Zweiten Weltkrieges, waren – nach Ansicht der sowjetischen Soziologen – die *»antagonistischen«* Klassen verschwunden, wobei der Begriff der Klasse beibehalten wurde, um nunmehr innerhalb einer neuen Stufung *nicht antagonistische gesellschaftliche Schichten* zu bezeichnen, im wesentlichen durch den Beruf definiert, worin noch Ungleichheiten überdauern – der provisorische Zustand einer Gesellschaft, die sich zur Herrschaft der Gleichheit im Kommunismus hin entwickeln würde.

Die Entwicklung der gesellschaftlichen Kategorien (in Prozenten):

	1928	*1934*	*1939*
Arbeiter und Angestellte (inklusive Mitglieder von Sowchosen und MTS[1])	17,6	31,2	50,2
Bauern in Kolchosen und Handwerker in Kooperativen	2,9	46,2	47,2
Individuelle Bauern und Handwerker (ohne Kulaken)	74,9	22,5	2,6
Bourgeoisie (inklusive Kulaken)	4,6	0,1	

Die Revolution rief eine spürbare Emigration hervor, weniger was die Zahlen betrifft (etwa eine Million Menschen) als die Qualität, denn sie war vor allem eine Angelegenheit der sozialen Kader, Großgrundbesitzer, Adlige, Bürgerliche der Industrie und des Handels, Intellektuelle und Künstler (letztere emigrierten in den ersten Jahren in sehr geringer Anzahl, da die Mehrzahl von ihnen Anhänger einer Änderung des Regimes war, welches anfänglich eine große Freiheit für Schöpfung und Experimente ließ; einige im Ausland lebende Maler kehrten zurück, jedenfalls vorübergehend).

Die Revolution fand in einem durch beträchtliche menschliche Verluste während des Ersten Weltkriegs geschwächten Land statt, zu denen noch die des Bürgerkriegs und des Kampfes gegen die ausländischen Interventionen hinzukamen. Schließlich steigerten Elend, Hunger und Epidemien die Sterblichkeitsrate; die Situation

---

[1] MTS: Mobile Gruppen von Spezialisten, die die Maschinen begleiteten, die den Kolchosen zur Verfügung gestellt wurden, entstanden 1929.

besserte sich erst ab 1922. Wenn auch noch der territoriale Verlust einbezogen wird, war die Bevölkerungszahl im Jahre 1920 auf 134 000 000 Einwohner gesunken; zwei Jahre später – als Ergebnis der Hungersnot und des Geburtenrückgangs – auf etwa 130 Millionen.

Es handelt sich hier um allgemeine Zahlen. Die Verminderung der Bevölkerung war in den westlichen Gebieten am deutlichsten spürbar, am wenigsten in abgelegenen ländlichen Gebieten, erheblicher in den Städten und insbesondere in den Hauptstädten, die von den Ereignissen direkt betroffen wurden und für ihre Versorgung auf das Land angewiesen waren. Petersburg und Moskau hatten 1920 60 % ihrer Bevölkerung verloren (zum Teil übrigens durch Wegzug); man konnte sagen, daß Petersburg zu einer toten Stadt geworden war.

Schon 1922 änderte sich die Situation, gleichzeitig durch eine Verminderung der Sterblichkeitsrate, die innerhalb einiger Jahre auf die Hälfte der Rate der Vorkriegszeit sank, und durch eine starke Erhöhung der Geburtenrate, die sich binnen einiger Jahre verdoppelte. Allerdings kamen während der Zwangskollektivierung und der Stalinschen Säuberungen viele Menschen ums Leben. Indessen wuchs die Bevölkerung durchschnittlich bis 1933 um dreieinhalb Millionen jährlich und erreichte die Zahl von 166 Millionen. Danach fiel die Geburtenrate, während die gegenüber 1914 stark gesunkene Sterblichkeitsrate stabil blieb; die Bevölkerung der UdSSR zählte 1939 170 Millionen Einwohner.

Das rasche Bevölkerungswachstum, aber auch die große Mobilität zwischen Stadt und Land haben durch die Vermehrung der städtischen Arbeitermassen die Kollektivierung erleichtert.

Während der Periode des Kriegskommunismus und des Hungers von 1921–22 hatten diese Bewegungen, deren Gründe von einer Region zur anderen verschieden waren, und die die Bevölkerungszahl dieser oder jener Stadt erhöhen oder verringern konnten, in dem Maße eine gesellschaftliche Relevanz, in dem sie die Familien ihrem gewohnten Milieu entrissen, ihre Existenzmittel verkleinerten und die Angleichung durch Armut und Unsicherheit verstärkten, die das ganze Land betraf.

Doch mit dem Frieden und den Anfängen der NEP verschwand der anarchische Charakter dieser Bewegungen. Die Belebung der Produktivkräfte überhaupt und besonders die Anstrengungen der

Industrialisierung bestimmten einen nahezu kontinuierlichen Zuwanderungsstrom vom Land in die Städte.

Während der NEP war dieser Strom noch begrenzt; erst vom ersten Fünfjahresplan an machte die Industrialisierung, die die Bevölkerung der Städte und die Anzahl der Arbeiter erhöhte, diese zu einem immer wichtigeren Element der gesellschaftlichen Struktur. Die Zwangskollektivierung beschleunigte diese Bewegung, indem sie viele von den Kolchosen Ausgeschlossene in die Städte trieb, um dort Arbeit zu finden. Allerdings kehrten in dem Maße, in dem die Kollektivierung voranschritt, auch viele Bauern gebliebene Arbeiter ins Dorf zurück, um nicht entkulakisiert zu werden und um an der Kolchose teilzuhaben, dies zumal während der Krise von 1930–31.

Als zu Beginn des ersten Fünfjahresplans im Jahre 1928 eine erhebliche städtische Aktivität (Bau von Fabriken und Wohnungen, Aufbau der Verwaltung) eine große Zahl von Arbeitskräften erforderte, konnten sich die Zeitungen vorübergehend über eine »Stadtflucht« beklagen, was allerdings in stark übertriebener Weise die simple Tatsache bezeichnete, daß während einiger Monate die Gewinnung von Arbeitskräften schwieriger geworden war.

Tatsächlich hielt der Zustrom in die Städte an; doch was man die »temporäre Zuwanderung« der Bauern genannt hatte, die einen Teil des Jahres in die Fabrik arbeiten gingen, war nahezu verschwunden. Bekanntlich hatte noch zu Ende des 19. Jahrhunderts ein beträchtlicher Teil des Arbeiterproletariats, das zu jener Zeit noch wenig zahlreich war, aus Zeitarbeitern bestanden. Indessen nahm die Zahl der endgültig von Grund und Boden abgelösten, permanent in der Stadt wohnenden Arbeiter rasch zu. Es gab jedoch in den 20er Jahren noch einen merklichen Prozentsatz an Arbeiter-Bauern, insbesondere in den Bergwerken, aber auch in der Metall- und der Textilindustrie, die Aufgaben erfüllten, welche keine wirkliche Spezialisierung erfordern. Erst vom ersten Fünfjahresplan an reißt dies traditionelle Band, und sehr schnell vergrößerte sich in den Städten eine gesellschaftliche Schicht der Arbeiter, die endgültig die Erde verlassen hatten und von ihren Familien begleitet wurden oder in der Stadt Familien gründeten. Die Organisation und das Funktionieren der Kolchosen und Sowchosen konnte sich kaum mit einer gemischten Tätigkeit, halb ländlich und halb städtisch, vereinbaren lassen. Die Städte sammelten von nun an den Überschuß der Landbevölkerung, was für die Industrialisierung notwendig war. Zwischen 1928 und 1932 stiegen die Kräfte der industriellen Arbeit um 12,5 Millionen Menschen, unter denen (abzüglich der städtischen Rekrutierung) 8,5 Millionen Bauern waren. 1932 erreichten die Arbeiter eine Anzahl von fast 23 Millionen (gegenüber etwa 11 Millionen im Jahre 1928).

Die Regierung bemühte sich, diesen zu schnellen Vorgang zu verlangsamen, da er den Städten nahezu unlösbare Probleme der Anpassung und der Beschleunigung stellte. Für das Jahr 1932, das vierte des ersten Fünfjahresplans, waren nur bescheidene Rekrutierungen von Arbeitskräften vorgesehen, vor allem Bauarbeiter und Lehrlinge. Tatsächlich nahm die Zahl der Arbeiter noch einmal um 200 000 zu, und im folgenden Jahr gab es nur eine Verringerung um 600 000. Die Expansion wurde mit dem zweiten Fünfjahresplan wieder aufgenommen (1933–37), der eine Zunahme der industriellen Arbeitskräfte um sechs Millionen vorsah – eine Zahl, die nicht ganz erreicht wurde. Die reale Zunahme betrug vier Millionen (das sind 17 % statt der vorgesehenen 26 %). Der dritte Plan (1938–1943) verwirklichte vor der Unterbrechung durch den Krieg die vorgesehenen Zahlen, die Anzahl stieg von 27 Millionen im Jahre 1937 auf 30,4 Millionen im Jahre 1940.

Die industrielle Entwicklung brachte die Einschaltung einer großen Zahl von Frauen in die Produktion mit sich, was einer Politik der »Aktivierung« von Reserven an Arbeitskräften in den Städten entsprach; jedoch stellte die Regierung sich nicht allein auf den wirtschaftlichen Standpunkt, der eine Vermehrung der Arbeitskräfte erforderte, sondern auch auf den der wirtschaftlichen Emanzipation der Frauen. Der erste Fünfjahresplan ermutigte zur Frauenarbeit, insbesondere in qualifizierten Berufen, und gab außerdem die Losung von der »Sozialisierung der Hausarbeit« aus. Sicherlich folgte der Rhythmus der Schaffung sozialer Einrichtungen (zum Beispiel von Krippen) nicht dem der Einstellungen, und die Regelungen für den Schutz der Frauenarbeit (im Fall der Schwangerschaft, der Nachtarbeit) wurden nicht immer eingehalten. Ebenso wurden die 1930 und 1931 ergriffenen Maßnahmen zur Reservierung einiger Berufe für die Frauen oder zur Erhöhung ihrer Anzahl in diesen Berufen nicht vollständig angewendet. Dennoch stieg die Anzahl der Frauen in den Berufsschulen rasch, wo ihr prozentualer Anteil sich von 25 % im Jahre 1929 auf 38 %

im Jahre 1932 erhöhte (allerdings sank er wieder kurz vor dem Krieg: 34 % im Jahre 1939).

Die Rolle der Frauen in der Produktion wurde wesentlich, sowohl in der Industrie wie in qualifizierten Berufen; sie überstieg den Plan sogar in ihrem absoluten Wert (nicht im relativen Wert, da die Zahl der Lohnempfänger überhaupt über die vorgesehenen Zahlen hinaus gestiegen war): Es gab sechs Millionen arbeitende Frauen, das sind 27 bis 28 % der gesamten Lohnempfänger. Der zweite Fünfjahresplan, dessen Ziele nicht vollständig verwirklicht wurden, sah eine starke Zunahme der weiblichen Lohnempfänger vor, und in diesem besonderen Punkt wurde der Plan sogar überschritten: Im Jahre 1937 war die Anzahl der weiblichen Lohnempfänger auf neun Millionen gestiegen. Von der Gesamtheit der *neuen* Lohnempfänger (etwa vier Millionen) waren 82 % Frauen, das waren 3 350 000 Personen.

Der dritte Plan wurde durch den Krieg unterbrochen, aber 1939 erreichte der Anteil der Frauen 42 % von der Gesamtzahl der Lohnempfänger.

Die verstärkte Nutzung von Frauenarbeit seit dem Beginn der 30er Jahre stand auch in einem engen Zusammenhang mit der Furcht vor einem neuen Krieg.

In einem Artikel in einer ökonomischen Zeitschrift von 1931, der die Rekrutierung von Kadern betrifft, wird betont, daß die Frauenarbeit selbst in Friedenszeiten im Hinblick auf einen möglichen Krieg nützlich sei; die berufliche Bildung (und es handelte sich um alle Berufe, auch und gerade jene, die eine hohe Spezialisierung erfordern und die der Kader sind) verlange nicht nur Unterricht, sondern auch Praxis, das heißt eine genügend lange Ausbildungszeit. Einmal mehr findet sich im Muster des Aufbaus einer mächtigen Wirtschaft das Wort »Krieg«.

Die Volkszählung von 1939 ergibt die folgenden (abgerundeten) Zahlen über die jeweilige Relevanz der beruflichen Kategorien, wobei fast die gesamte Bevölkerung (170 Millionen) erfaßt ist:

Städtische und ländliche Arbeiter	54 500 000
Angestellte	30 000 000
Kolchosbauern	75 600 000
Individuelle Landwirte	3 000 000
Handwerker in Kooperativen	3 900 000
Nicht organisierte Handwerker	1 400 000

Doch die Aufzählung dieser beruflichen sozialen Gruppen läßt ein Charakteristikum der Sowjetbevölkerung nicht hervortreten: Die Entwicklung einer Bürokratie, welche eine besondere Existenz und Funktion hat, und einer Intelligentsia, die sich zu einem großen Teil mit ihr vermischt.

Die Bürokratie

In dieser neuen Gesellschaft, wo notwendigerweise bürokratische Rahmen entstanden, die auf allen Ebenen durch eine Masse von Funktionären alle Arten von Tätigkeiten einfaßten, stellt sich die Frage, ob die herrschende Bürokratie, die über eine unbestreitbare Macht sowie über materielle Vorteile verfügte, nicht im alten Sinne des Ausdrucks eine »Klasse« darstellte, die dazu neigte, aus der neuen gesellschaftlichen Einebnung herauszutreten. In Wahrheit können, selbst wenn den zusätzlichen Möglichkeiten Rechnung getragen wird, mittels derer die Kinder von hohen Funktionären, seien sie nun Parteimitglieder oder nicht, ihrerseits Karriere machen können (familiäres Milieu, das sie durch Bildung und Beziehungen unterstützt und weiterbringt), die Dynastien jener, die die Enarchen Osteuropas sind, sich kaum ohne eine durch Diplome anerkannte Kompetenz oder, mangels einer solchen, ohne den Ausgleich von Reichtum einrichten. Die Bereicherung aber ist sehr begrenzt; sie nimmt nicht von Generation zu Generation zu: Die materiellen Vorteile, mit denen sich höhere Gehälter verbinden, können einer Familie von hohen Funktionären oder von Schriftstellern oder Künstlern einen über den Durchschnitt hinausreichenden Wohlstand vermitteln; doch dessen Grundlage ist nur geringfügig angehoben: Die Immobilienerbschaft unterliegt strengen Regelungen; die Abwesenheit der Herrschaft des Eigentums, der privaten Finanzierung von Unternehmen, der Börsenspekulation schließt die in kapitalistischen Gesellschaften üblichen Formen der Bereicherung aus.

Ist die herrschende hohe Bürokratie nun, als durch ihre Funktion führende gesellschaftliche Kategorie, aufgrund des Faktums eine Klasse, daß sie, über den wesentlichen Teil des wirtschaftlichen Systems verfügend, mit ihren Entscheidungen sowohl die Produktion als auch die Verteilung der Güter regelnd, zu ihrem Vorteil einen überdurchschnittlichen Anteil der durch die Arbeit der Volksmassen geschaffenen Produkte mittels einer Ausbeutung ansammeln könnte, die ihr relevante »bürokratische Einkommen« sichern würde? Tatsächlich hat sich während der Dekade, die dem Zweiten Weltkrieg vorausging, der Fächer der Löhne weit geöffnet. Die Notwendigkeit, die wissenschaftliche Forschung voranzutreiben, rasch Kader auszubilden, die Mechanisierung des Landes durch gewaltige Arbeitsvorhaben zu beschleunigen, eine mächtige Metallindustrie zu schaffen, hat eine Politik der Anregung zu Ertrag und Produktion bestimmt, die sich nicht auf den Appell an den beruflichen Ehrgeiz, an den Patriotismus und an die sozialistische Überzeugung beschränkte. Der »sozialistische Wettbewerb« beruhte zum Teil auf der großen Ungleichheit zwischen den Löhnen, die von wirtschaftlichen Prioritäten, von Kompetenzen und Verantwortlichkeiten abhing, und auf den Privilegien, die den höheren Kadern zugestanden wurden (besondere Läden, Annehmlichkeiten des Wohnens und des Transports etc.). Doch die schnelle Entwicklung der industriellen Einrichtungen, der Metallverarbeitung und der sozialen Dienstleistungen, unter denen das Unterrichtswesen einen wesentlichen Platz einnahm, beweisen, daß die »bürokratischen Einkommen« keine bemerkenswerte Zweckentfremdung der von den Arbeiter- und Bauernmassen geschaffenen Werte bedeuteten, durch die der wirtschaftliche Fortschritt erreicht wurde.

Und die Bürokratie war auch keine geschlossene »Kaste«. Die Erfordernisse einer großen Anzahl von Beschäftigten auf allen Gebieten, einschließlich des administrativen und politischen Sektors, sicherten einen sozialen Aufstieg, der vom Schulwesen und von der zahlenmäßigen Relevanz der Bürokratie erleichtert wurde. Vom Gesichtspunkt des Aufbaus des Sozialismus allerdings scheint es, daß die Stalinsche Bürokratie, die an ihrer Funktion und ihrer Lage festhielt, während der Perioden der Agrarkollektivierung, des ersten Fünfjahresplans, dann der besonders brutalen Säuberungen nach 1934, sich auf einen vorsichtigen Konformismus zurückzog und jegliche Eigeninitiative vermied. Allerdings war dies auf der wirtschaftlichen Ebene nicht die Haltung der gesamten Bürokratie, die das organisierende Element bei der Durchführung der Fünfjahrespläne unter außerordentlich schwierigen Bedingungen darstellte. Doch der Weg zum Sozialismus mit ersten großen industriellen Errungenschaften des Regimes, die das revolutionäre

Ideal verschleierten, wurde unterbrochen.

In den Vorkriegsjahren war es vor allem der Stalinsche Terror, der die bereits errungenen Ergebnisse der psychologischen Kampagne verwischte, welche die Produktionsanstrengungen des ersten Fünfjahresplans unterstützt hatte. Unter diesem Gesichtspunkt bezeichnete der erste Plan zumindest im städtischen und industriellen Milieu einen Bruch zwischen der alten und einer neuen Gesellschaft.

Zu Beginn des ersten Fünfjahresplans bestand ein Drittel der in der nationalen Wirtschaft angestellten Spezialisten aus Repräsentanten der alten Intelligentsia. In den Einrichtungen des höheren Unterrichtswesens und der Forschung stieg der Anteil sogar auf zwei Drittel. Ihre fruchtbare Mitarbeit wird von den sowjetischen Historikern nicht bestritten. Ihre Bindung an das Regime war allerdings oft ungewiß und von Skeptizismus gefärbt. In den 30er Jahren fand Lunatscharskij in der gesamten Intelligentsia, aus der Perspektive seiner Rapporte für das Regime, sechs Kategorien: die Apolitischen; die verantwortungsbewußten Arbeiter, die nur an ihrem Lebensunterhalt interessiert waren; die Sympathisanten, die im Hinblick auf die Ergebnisse skeptisch waren; die kritischen und (trotz der ihnen zugestandenen Vorteile) unzufriedenen Weggenossen; diejenigen, die der Parteilinie treu waren und sich als wahre Verbündete zeigten, obwohl sie in bezug auf einige besondere Probleme Vorbehalte hatten; und schließlich jene, die als wahre Kommunisten betrachtet werden konnten, auch wenn sie kein Parteibuch in der Tasche hatten.

Ab 1927 nun wurde im Zusammenhang mit der Ausarbeitung des Plans und der kulturellen Mobilisierung eine Kampagne *gegen den Apolitismus und Zentralismus der Spezialisten* ausgelöst, die dazu bestimmt war, die alte Intelligentsia zur Übernahme sozialistischer Positionen zu bringen. Die technische und wissenschaftliche Kompetenz sollte sich mit einer militanten Haltung vereinen. Ein Ingenieur sollte sich in seiner wirtschaftlichen Funktion immer auf den Standpunkt des Staates und der Gesellschaft stellen. Im Jahre 1927 wurde die VARNITSO gegründet (Bundesvereinigung der Arbeiter der Wissenschaft und der Technik für die Zusammenarbeit beim Aufbau des Sozialismus in der UdSSR), als »Transmissionsriemen« zwischen Partei und Intelligentsia, als »Schule der Intelligentsia«, deren Ziel die marxistisch-leninistische Erziehung der Kader und der »Kampf gegen Apolitismus und Neutralismus« war. Die Vereinigung, die 1929 nur 564 Mitglieder zählte, dehnte sich aus und vereinte Ende 1932 etwa 11 000 Mitglieder.

Ihre Propagandatätigkeit überschritt bei weitem das im engeren Sinne ideologische Gebiet, denn sie erstreckte sich auch auf die Politik der Produktionsentwicklung in Verbindung mit dem begonnenen Aufbau des Sozialismus. In diesem Geist propagierte die Vereinigung eine Einschränkung der Bestellungen im Ausland; ihrer Tätigkeit wurde eine Deviseneinsparung von 200 Millionen Rubel im Jahre 1932 zugeschrieben. Sie initiierte zahlreiche Belohnungen für verdienstvolle Kader. Im Jahre 1932 wurden 300 Spezialisten mit dem Leninorden und der roten Arbeitsfahne dekoriert. Wesentlich zahlreicher waren noch jene, die auf der Nationalen Ehrentafel verzeichnet oder zu Helden der Arbeit erklärt wurden. Die Aktivität der VARNITSO steht im Zentrum jener allgemeinen Mobilisierung, die alle Tätigkeiten während des ersten Fünfjahresplans kennzeichnet.

Doch Mobilisierung und Kampf gegen Apolitismus brachten auch Sanktionen mit sich, Säuberungen auf allen Ebenen, in allen Bereichen der Wirtschaft und der Verwaltung. Indessen begann die junge Generation zu verantwortlichen Posten aufzusteigen, mit um so größerer Leichtigkeit, als die rasche wirtschaftliche Entwicklung den Bedarf an Arbeitskräften und Kadern vervielfachte. Sicher ist, daß die Säuberungen sich in umgekehrtem Sinne auswirkten und in gewissem Sinne Verwaltung und Wirtschaft desorganisierten, zumal nach 1934. Das wesentliche Faktum schien aber in der Bildung einer tapferen neuen Welt zu liegen, die in ihrem neuen wirtschaftlichen und gesellschaftlichen System als eine Gesellschaft des öffentlichen Dienstes zu bezeichnen wäre.

Selbst auf dem Lande, wo die Organisation in Kolchosen noch zu kurz zurücklag, als daß die Erinnerung an die Schrecknisse ihrer Einführung ausgelöscht hätte sein können, schien es offenkundige Fortschritte zu geben. Die Erfahrungen einiger Jahre des Funktionierens (während derer übrigens häufig die mehr oder weniger fähigen Vorsitzenden an ihrer Spitze in überstürzter Reihe aufeinanderfolgten), die Aktivität der MTS, der Ausbau sozialer und technischer Dienstleistungen, der Einfluß städtischen Geistes zumal in den am stärksten urbanisierten Regionen begannen, eine Kolchosenmentalität zu schaffen. Der statistische Anstieg des Lebensstandards während des zweiten und zu Beginn des dritten Fünfjahresplans schien einen Vorteil des doppelten Systems von kollektivem Boden und individuellen Parzellen zu bedeuten. Die Existenz der Sowchosen, des Symbols des Etatismus, war nicht ganz ohne Auswirkungen auf ein Gefühl der Bindung (die nicht mehr ausschließlich Gewohnheit war) an die Kolchosenorganisation, die das Privateigentum nicht vollständig beseitigt hatte und als eine Selbstverwaltungsform des Agrarsozialismus dargestellt wurde.

Diese Epoche wird außerdem durch die sehr raschen Fortschritte des Bildungswesens gekennzeichnet; insbesondere stieg die Anzahl der Zehnjahresschulen, die einen vollständigen sekundarschulischen Zyklus anboten, seit dem Ende des ersten Fünfjahresplans an. Das schulische Netz überzog mittlerweile die gesamte Bevölkerung, in der der Analphabetismus nahezu verschwunden war, und befaßte einen erheblichen Anteil der Jugend in sich (45 % der unter Zwanzigjährigen). Die Schwierigkeiten des täglichen Lebens verhinderten bei einem Teil von ihr nicht die Begeisterung für die schon verwirklichten Taten der Arktisforscher und der Flieger, die in einen weltweiten Wettbewerb um Langstreckenflüge eintraten, Taten, die von der raschen Entwicklung einer modernen Industrie ermöglicht waren.

Die Schule war nicht der einzige Ort, an dem Treue zu einem Regime, das sich erfolgreich zeigte, ausgebildet wurde. Pioniere und vor allem Komsomolzen (denen man im Alter von 15 bis 27 Jahren angehören konnte) bildeten ein ausgedehntes Netz von sehr lebendigen Gruppen mit vielfältigen Aktivitäten der Freizeit und der Bildung, bis zu einem gewissen Grade auch der Produktion.

Die Entwicklung des Unterrichtswesens und die kollektiven Formen der Jugendorganisation stellten von nun an der heranwachsenden Generation auch eine von der Partei kontrollierte Literatur zur Verfügung, die ein Element im Aufbau des Sozialismus sein sollte. Eine schon vorgezeichnete, doch jetzt in die herrschende Perspektive des sozialistischen Realismus gestellte Aufgabe. Die Mobilisierung der intellektuellen Kräfte zu Beginn des ersten Fünfjahresplans hatte zu vielfachen Exzessen und zum Scheitern geführt; während sie die Schriftsteller an die »Literaturfront« schickte und die nicht genügend Linientreuen der Zensur unterwarf, hatte sie allerdings »Schockbrigaden« von Tausenden von

Arbeitern und Bauern mit literarischen Ambitionen ermutigt, in einem proletarischen Geist zu schreiben. Seit 1932 kündigte sich eine Reaktion an, und der erste Schriftstellerkongreß (1934) führte unter dem Anschein des Liberalismus eine Ordnung in das literarische Schaffen ein, die es von nun an mit absoluter politischer Loyalität und der Beschreibung der »sozialistischen Realität« verband. Trotz der Vorbehalte, die Bucharin und gewisse Schriftsteller wie Ehrenburg formulierten, wurde der Ton von Schdanow angegeben: Die Wirklichkeit ist es, in ihrer revolutionären Entwicklung verstanden, das heißt »aus dem Blickwinkel des Marsches der Gesellschaft zum Kommunismus«, die Gegenstand der Literatur sein müsse, im Gegensatz zum bürgerlichen Formalismus, der »absichtlich den ideologischen Inhalt der Werke vernachlässigt«.

Diese Realität jedoch wurde, in Anbetracht der nationalsozialistischen Bedrohung, doppelt gefährlich durch ihre imperialistischen Siege und ihre rassistische Ideologie, nicht mehr allein aus den jüngsten Ergebnissen des Kampfes eines ganzen Volkes um die Produktion und die Errichtung einer neuen Herrschaftsform gebildet. Sie umfaßte inzwischen mittels sämtlicher Informationsquellen (Literatur, Zeitungen, Kunst, Kino) auch die Vergangenheit des Landes, das Werk der großen historischen Gestalten, und reflektierte ein patriotisches Ideal, das zusammen mit der Bindung an den Sozialismus durch den öffentlichen Unterricht die seit 1917 geborenen, vor 1941 aufgewachsenen und erzogenen neuen Generationen bildete. In dieser Hinsicht bezeichnet der erste Fünfjahresplan einen Wendepunkt in der Sozialgeschichte der UdSSR, denn in dieser dem Krieg vorhergehenden Dekade fand das Unterrichtswesen seine vollständige Ausbildung und konnte eine neue Mentalität gestalten.

Eine sozialistische Menschheit?

Der Sozialismus in seinen verschiedenen Gestalten hat menschliche Ziele, er zielt auf die Verwandlung des Menschen ab, zunächst durch die Abschaffung der Klassenunterschiede, dann durch die Schaffung eines neuen Menschen, eines kommunistischen Menschen. Im Laufe der bewegten Geschichte der Revolution seit 1917 wie in der, von der wirtschaftlichen Entwicklung bestimmten, erheblichen Anstrengung um Belehrung wurde das Ideal des kommunistischen Menschen nicht aus den Augen verloren, sondern nach dem ersten Enthusiasmus in eine ferne Zukunft verschoben.

Die Literatur der Epoche bezeugt diese Wandlung: Die ersten Jahre der Revolution waren teilweise von einem Naturalismus mit sozialen Tendenzen gekennzeichnet gewesen, der das Arbeiter- und Bauernleben und bereits den heroischen Konstrukteur des Sozialismus beschrieb. Eher die Tat des Menschen als seine Wandlung wurde in den 20er Jahren von der durch die Regierung ermutigten und dem sogenannten »sozialen Auftrag« unterworfenen Literatur beschrieben. Sie sollte den Bedürfnissen einer in der Mutation begriffenen Gesellschaft genügen und wurde nach ihrer revolutionären Wirksamkeit beurteilt.

In der Zeit der 30er Jahre, als das ganze Land in der »Mystik« des Plans lebte und sich auf die Verwirklichung industrieller Ziele ausrichtete, beschrieb die Literatur eine Welt im Aufbau, in der Typen des »positiven Helden« auftauchen, beseelt von sozialistischer Überzeugung, mutig und von mächtiger Willenskraft, Helden, deren Opfer den Marsch nach vorn ermöglichen, trotz aller Schwierigkeiten, die aus der Gesellschaft selbst hervorgehen, in der noch ein kleinbürgerlicher individualistischer Geist herrscht, in der es noch (im Verschwinden begriffene) »antagonistische Klassen« gibt. Der Kortschagin in A. N. Ostrowskis (1904–1936) Roman »Wie der Stahl gehärtet wurde«, der Davydow in Scholochows (geb. 1905) Roman »Neuland unterm Pflug« sind »positive Helden«. Trotz romantischer Übertragungen, trotz der Imperative des sozialen Auftrags, trotz der optimistischen Abweichungen von der Realität könnte es solche Menschentypen gegeben haben; gewiß aber waren die unbekannten und dem Regime ergebenen Menschen viel zahlreicher, ohne die nicht vor 1940 die Grundlagen einer Industriemacht hätten gelegt werden können. Doch das Ideal des schon einmal erahnten kommunistischen Menschen wich dem eines Menschen, der am Aufbau eines wirtschaftlich und politisch starken Staates mitwirkt und an der Verteidigung eines Vaterlandes, in dem die Errungenschaften des Sozialismus bewahrt werden sollen.

Das Stalinsche Phänomen ist innerhalb des Aufbaus des Sozialismus aufgetreten, aber es ist nicht die einzige Form, die der Sozialismus hätte annehmen müssen (Elleinstein). Mit anderen Worten: Der Sozialismus verhindert nicht notwendigerweise den Despotismus, aber er schafft ihn auch nicht. Der Sowjetsozialismus wird hier nicht nach den akzidentellen Formen, die er annehmen konnte und den Abweichungen, denen Stalins Despotismus ihn unterwarf, beurteilt, sondern nach seinen grundlegenden ökonomischen Mechanismen, seinen gesellschaftlichen und kulturellen Folgen, und seiner rationellen Anpassung an die Erfordernisse seiner Zeit. Gewiß hat Stalin einer Entwicklung eine bestimmte Richtung gegeben, welche nicht schicksalhaft war und zu einem großen Teil von den Direktiven abhing, die eine gefügige Bürokratie von oben erhielt. Stalin gehört zu der seltenen Kategorie historischer Persönlichkeiten, die wirklich Geschichte gemacht haben. Doch nach der Kraft der Oppositionen zu urteilen, die er bis Ende der 20er Jahre brach, nach den taktischen Rückzügen, die er sich auferlegen mußte, um einziger Befehlshaber zu bleiben, nach dem insgesamt sehr zögernden persönlichen Sieg läßt sich die Relevanz einer Meinung ermessen, die innerhalb des Sozialismus und innerhalb eines marxistischen Sozialismus seine Diktatur zurückwies. Einzig weil die Verwirklichung des ersten Fünfjahresplans – in einer Zeit, in der im Westen eine Wirtschaftskrise herrschte –, das Auftauchen der Sowjetmacht in der internationalen Arena dem »genialen« Chef zugeschrieben werden konnten, entwickelte sich ein Kult um ihn. Durch Angst, aber auch durch Anhängerschaft wurden die Vorbehalte und ihre Vertreter in den Massakern der 30er Jahre vernichtet.

Überdies lenkte die direkte Bedrohung durch den Nationalsozialismus die Aufmerksamkeit nach außen und verstärkte das Ansehen Stalins. Der Patriotismus, die Bindung an die russische Erde waren gleichzeitig mit der Gewißheit über die erreichten materiellen Erfolge der Mörtel einer moralischen Einheit, welche die Errungenschaften des Sozialismus festigte und zugleich die Grenzen aufzeigte. Doch durch Stalins Diktatur wurde der autoritäre Charakter des Regimes betont und das Funktionieren einer Demokratie verfälscht, die sich, ausgehend von den Sowjets, ihrer theoretischen Basis, hätte entwickeln können.

Die neue Gesellschaft und die Zeit der großen Säuberungen

Die Gesellschaft, deren Entwicklung wir verfolgt haben, wurde seit dem Kirow-Mord (Dezember 1934) von den Prozessen, Säuberungen und Verhaftungen in ihrer Tiefe erfaßt, die sechs Millionen Menschen betrafen, vom Parteimitglied bis zum einfachen Bürger. Die Atmosphäre in der UdSSR glich sich dadurch der eines »Unterdrückungslagers« an, wo jeder seinen Nachbarn verdächtigt: Denunziation, Verrat, Verleumdung waren das allgemeine Schicksal des öffentlichen Lebens in der Sowjetunion. Unter der ehrlichen oder trügerischen Maske des Kults zu Ehren Stalins trugen diese Ereignisse dazu bei, die Nation zu demoralisieren, die Militanz zu schwächen und die Geister zu entpolitisieren. Wesentliche Quellen des revolutionären Lebens wurden verschüttet; der erzwungene Gehorsam brachte die Passivität mit sich. Man hat über die Gründe spekuliert, die Stalin zu dieser Politik des Terrors führten: Der Wunsch, eine mögliche Opposition im Kriegsfall zu brechen? Der Wille, von den Schwierigkeiten und Enttäuschungen des zweiten Fünfjahresplans abzulenken? Eine Notwendigkeit, die Kader zu erneuern? Jedenfalls endete der Stalinismus in einem selbstzerstörerischen Terrorismus. Daraus entstand eine wirkliche Degeneration der Bürokratie. Dezimiert, in ständiger Angst um ihr Schicksal und ihre Zukunft, neigt die hohe Verwaltung zu Willkür und konservativer Haltung. Doch muß gleichzeitig der Aufstieg der technischen und wissenschaftlichen Kader bedacht werden, deren Bildung, Aktivität und Mentalität mit den industriellen Fortschritten der 30er Jahre verbunden waren. Sie waren zugleich Techniker und Funktionäre und überflügelten durch ihre Menge bald das eigentliche Verwaltungspersonal. Diese neue sowjetische »Intelligentsia«, deren dringende Notwendigkeit Stalin unterstrichen hatte, und die häufig aus Arbeiter- und Bauernfamilien stammte, zeigte sich als ein Element des Fortschritts in einer Welt, in der Wissenschaft und Technik eine hervorragende Rolle spielten; für den Augenblick war sie zum Schweigen verurteilt; doch sie gewöhnte sich ungern an eine willkürlich autoritäre Macht. Das Nahen des Krieges und der Krieg selbst verdeckten eine gesellschaftliche Entwicklung, deren Relevanz sich erst zwanzig Jahre später ermessen ließ.

Die Erprobung im Krieg

War der Krieg für die sowjetische Bevölkerung vor allem eine nationale Schlacht gegen den deutschen Angreifer? Oder war er ein revolutionärer Kampf für die Verteidigung des Sozialismus? Die beiden Motivationen dürften sich eng miteinander vereint haben. Es läßt sich sagen, daß Rußland ins Nichts versunken wäre, wenn seine Grundlagen nicht sozialistisch gewesen wären, unabhängig von den bestehenden politischen Kräften und der Politik, die Stalin in den letzten Vorkriegsjahren verfolgt hatte. Der Krieg war ein Test für die Festigkeit des Regimes, dessen ökonomische und psychologische Grundlagen standgehalten haben.

Der Krieg brachte furchtbare menschliche und materielle Verluste mit sich. Menschliche Verluste, die auf 20, 25 Millionen Menschen geschätzt worden sind, und die eine geschwächte, verstümmelte, kranke Bevölkerung trafen. Beträchtliche materielle Verluste, die dennoch teilweise schon während des Krieges ausgeglichen wurden. Die Okkupation betraf mehr als 30 000 industrielle Betriebe (von denen eine gewisse Anzahl in den Ural oder nach Sibirien verpflanzt werden konnten) und vier Millionen Arbeiter. Die okkupierten Gebiete hatten 60 % der Stahl- und Aluminiumproduktion erbracht, 50 % der Kohleförderung, 84 % der Zuckerproduktion. Die Verluste sind auf 2600 Milliarden Rubel geschätzt worden (davon 679 Milliarden an zerstörten Gütern und 1900 Milliarden an Kriegskosten und an Zerstörungen, von denen die Zivilbevölkerung betroffen war).

Der Krieg zerstörte mehr als 1700 Städte, mehr als sechs Millionen Häuser, in denen 25 Millionen Menschen gewohnt hatten; 98 000 Kolchosen, mehr als 1900 Sowchosen und 2900 Traktorenstationen wurden vernichtet. Der Bestand an Hornvieh wurde um zwei Drittel reduziert; sieben Millionen Pferde verschwanden, zwanzig Millionen Schweine und 27 Millionen Schafe. Zu diesen Zerstörungen kamen die von sozialen Einrichtungen, Schulen, Bibliotheken, Krankenhäusern.

Die Widerstandskraft des Landes und die Relevanz seiner Reserven läßt sich einerseits an dem Faktum ermessen, daß der Krieg ausgehend von den intakten und frontnahen europäischen Gebieten und vom eurasischen Hinterland geführt wurde, wohin sich die Achse der industriellen Aktivität verschoben hatte, und daß anderseits der Wiederaufbau sofort auf den deutschen Rückzug folgte; bereits Ende des Krieges hatten die befreiten Gebiete ein Drittel ihrer Vorkriegsproduktion wieder erreicht.

Die Gesamtheit der wirtschaftlichen Organisation hatte unter den schlimmsten Bedingungen ihre Effizienz erwiesen. Die UdSSR ging aus dem Konflikt schwer betroffen, aber auch verwandelt hervor: Die entferntesten Regionen, die von der Verlagerung industrieller Unternehmen, dem Rückzug eines Teils der vom Westen her bedrohten städtischen Bevölkerung und auch durch die Schaffung neuer Betriebe belebt wurden, wandelten ihr Aussehen. Die Wiederherstellung des wirtschaftlichen Lebens und der Wiederaufbau in den rückeroberten und befreiten Gebieten begann. Die Sowjetunion bewies schon 1945 ihre Fähigkeit, sich wieder aufzurichten.

Doch stand das Land erneut vor einer gewaltigen Aufgabe des Wiederaufbaus, die allerdings durch die erworbenen Erfahrungen und die angewachsenen Möglichkeiten der modernen Technik erleichtert wurde. Die am Vorabend des Krieges errechneten wirtschaftlichen Fortschritte wurden nur um weniger als zehn Jahre verzögert.

Der Krieg, der unter den liberaleren kapitalistischen Regimen gewöhnlich ökonomischen Dirigismus und Zwang mit sich bringt, hat in der Sowjetunion die Ausdehnung der Autorität eher gelockert, die nun in erster Linie auf die nationale Verteidigung ausgerichtet war. Die geographischen Bedingungen, die unermeßliche Weite des Landes, die Entfernungen behinderten überdies die Anwendung von Gesetzen, sofern sie nicht unmittelbar die Kriegsanstrengungen betrafen. Diese begünstigten sogar Praktiken, die zu andern Zeiten strafbar gewesen wären. Die kleinen Parzellen, die den Kolchosbauern als Eigentum gehörten, und die in den Vorkriegsjahren stark zur Verbesserung des Lebensstandards auf dem Lande beigetragen hatten, nahmen zuungunsten des kollektiven Bodens an Fläche zu. Das Agrarsystem wurde nicht in Frage gestellt, aber das unmittelbare Interesse der Familien, das mit dem Interesse der nationalen Produktion zusammenfiel, verstärkte einen mit der Entwicklung einer kollektivistischen Mentalität schwer vereinbaren Individualismus.

Der Sieg der UdSSR war der einer großen Weltmacht, der immer noch einzigen Bastion eines Sozialismus im Aufbau. Das Sowjetvolk, furchtbar von Tod und Zerstörung geschlagen, aber mit militärischen Ehren, Graden, Orden überhäuft, ging an die neue Aufgabe des Wiederaufbaus mit einem Gefühl des Nationalstolzes heran, das indirekt die Macht des Staates stärkte. Die vor dem Krieg herangewachsenen Generationen machten eine neue Gesellschaft aus, »eine städtische Gesellschaft, die die industrielle Revolution erlebt hatte« (Seton-Watson), eine vielfältige Gesellschaft mit raschem sozialem Aufstieg, wo die »Massen« sich nicht einem herrschenden Apparat entgegensetzen, sondern an seiner Erneuerung teilhaben. Eine Gesellschaft aber auch, in der eine Bürokratie, weder Klasse noch Kaste, durch eine gewisse Routine und ihre von der Stalinschen Diktatur gesteigerte und deformierte Macht am Vorabend des Krieges den Weg zum Sozialismus blockiert hatte.

Ein fingierter Sozialismus auf seinen ökonomischen Grundlagen, eine noch zerbrechliche sozialistische Mentalität, die aber unter einem Regime mit offenkundigen sozialen Verbesserungen und großen Möglichkeiten für den individuellen Erfolg sich durch Gewohnheit und Interesse bildet, schließlich eine reale Bindung an das Regime, darin sich Patriotismus, Erfolgsgefühl und ein gesellschaftliches Ideal mischen, dessen Perspektiven die Stalinsche Diktatur verdunkelt hatte, das scheinen die Merkmale der Sowjetunion bei Kriegsende zu sein.

Annie Kriegel

Zweites Kapitel: Die Dritte Internationale

I. Das Projekt und sein Instrument

In der Nacht vom 6. auf den 7. November 1917 rief Lenin vor dem Petersburger Sowjet aus: »Es lebe die sozialistische Weltrevolution!«

Er definierte damit das von nun an aufrechterhaltene Projekt, dem man nach anfänglichem semantischen Zögern (man sprach zunächst zum Beispiel von Maximalismus oder Leninismus) im 20. Jahrhundert den Namen Kommunismus vorbehalten hat.

Diese Ebene, auf der alle Unternehmungen begriffen werden, ist die wesentliche Gegebenheit; die vermittelnden Stufen – Kontinente (zumal der europäische), Reiche, Nationen, Provinzen – werden voneinander abgetrennt und als solche behandelt, nur um in ihnen untereinander abhängige Schlachtfelder eines und desselben Krieges zu sehen; lokalisierte Siege (in Rußland) und Niederlagen (in Deutschland 1919–23) sind nur Peripetien in einem Gesamtprozeß; strategische Wechselfälle (partielle oder verallgemeinerte), Offensiven und Defensiven sind nur Etappen, die durch eine notwendigerweise globale Perspektive miteinander verbunden sind. Und unter diesem Gesichtspunkt muß, wenn die Logik des Phänomens nicht verformt werden soll, von Anfang an jene Vorherrschaft des weltweiten Charakters gesehen werden, die das bolschewistische revolutionäre Projekt in seinen Verwirklichungen in allen Sektoren kennzeichnet, einschließlich der russischen Revolution von 1917: »Der endgültige Sieg kann nur auf der internationalen Ebene und einzig durch die gemeinsamen Anstrengungen aller Länder errungen werden.«

Die internationale Dimension sichert die *Einheit* der mit 1917 beginnenden Epoche, ohne daß auf dieser Ebene eine Unterscheidung zwischen einer Leninschen und einer Stalinschen Periode nützlich wäre.

Und die ursprüngliche internationale Dimension sichert auch die *Homogenität,* die Kohärenz des Produkts jener Geschichte der kommunistischen Bewegung, wie sie sich zwischen den beiden Weltkriegen in ihrem institutionell doppelten Ausdruck artikuliert, staatlich und nicht staatlich, der sozialistische Sowjetstaat und die kommunistische Internationale, ohne daß es auch hier fruchtbar wäre, auf dieser Ebene und für diese Zeit eine »nationale« Differenzierung einzuführen, welche die Beobachtung von kommunistischen *Varianten* legitimieren würde.

Zweifellos hat jede »nationale Sektion« – jede kommunistische Partei in der Gesamtheit der nichtrussischen Fälle oder die Staatspartei im russischen Fall – eigene Kennzeichen, die ihr auf erkennbare Weise aus dem nationalen politischen System her zukommen, in dessen Rahmen sie sich gebildet hat. Die Umstände und Modalitäten ihrer Entstehung, ihre ursprüngliche Konsistenz, die Weite ihrer anfänglichen Verbreitung, die verschiedenartigen ideologischen Bestandteile, die zu Beginn mit ihren Zielen vermengt und fortschreitend auszuschalten sind, die gesellschaftlichen, wirtschaftlichen und kulturellen Eigenheiten der jeweiligen nationalen Gesellschaft, die sie von innen bekämpfen muß, die ihr aber unter Umständen mehr oder weniger wirksame Stützpunkte bieten können, um ihre letzten Ziele zu erreichen, all diese Gegebenheiten wirken dahingehend zusammen, daß jede einzelne nationale Sektion, jede einzelne kommunistische Partei das einzigartige Produkt einer spezifischen Begegnung zwischen zwei historisch konkreten Erscheinungen ist: die internationale kommunistische Bewegung einerseits und das nationale politische System andererseits. In diesem Sinne muß die Homogenität der kommunistischen Internationale, als einer weltweiten Institution und Strategie, andauernd von den nationalen Verschiedenheiten bedroht sein: Die Einheit ist also eine theoretische Bestätigung des Prinzips, welche die Logik des Unternehmens bestimmt, und zugleich das Ergebnis einer ununterbrochenen Praxis, das Nationale in jeder Partei auf jenen unvermeidlichen Rest zu reduzieren, den kein Machtsystem gänzlich auflösen kann, auf einen Rest, der unablässig neu befragt, neu geformt, diskutiert, abgelehnt, zerstreut und solcherart von seinem aktiven autonomen Vermögen gereinigt, mit einem Wort: formalisiert wird.

Diese Spannung, die notwendig ist, damit sich die kommunistische Internationale nicht zersetzt, damit ihre Kräfte sich nicht unter dem zentrifugalen Druck der nationalen Erfordernisse und Bedürfnisse zerstreuen, kommt von 1919 bis 1943 zu Ergebnissen, die um so ehrenvoller sind, als es um zwei kaum zu vereinbarende

Aktionsmodelle geht: das der vorrevolutionären kommunistischen Parteien, die sich alle in nahezu der gleichen Lage befinden – die Wartezeit bis zu einer günstigen revolutionären Situation zu organisieren –, und das der russischen kommunistischen Partei, die ihrerseits die Aufgabe hat, den ersten nachrevolutionären sozialistischen Staat aufzubauen.

Nun ist aber, was für alle nichtrussischen kommunistischen Parteien zutrifft, auch für den russischen Kommunismus wahr. In diesem Sinne läßt sich nicht aufrechterhalten, was N. Berdjajew 1938 in »Die Quellen und der Sinn des russischen Kommunismus« schrieb: »Es ist sehr schwierig, im Westen verständlich zu machen, daß die Dritte Internationale nur ein nationaler russischer Gedanke ist. Sie ist eine Transformation des russischen Messianismus.« In Wirklichkeit war die Verbindung der russischen sozialistischen Revolution mit der sozialistischen Weltrevolution in der leninistischen Theorie und Praxis mit voller Klarheit vorhanden. Deswegen hat Lenin die Revolution in Rußland immer nur als Vorwort, als Vorspiel, als Ansatz für die Weltrevolution betrachtet: eine in sich gefährdete Errungenschaft, die ihre Daseinsberechtigung, ihre wirkliche Bedeutung und wohl verstanden das Heil erst in dem Maße finden würde, in dem sie von anderen Revolutionen des gleichen Typus gefolgt und wieder aufgenommen würde, jedoch in entscheidenderen Ländern als dem zurückgebliebenen Rußland, in Ländern, die im Herzen des Kapitalismus gelegen wären – in den industrialisierten Ländern Westeuropas und vor allem in Deutschland: »Der vollständige Sieg der sozialistischen Revolution ist in einem einzigen Lande unvorstellbar, er erfordert die äußerst aktive Zusammenarbeit zumindest einiger fortgeschrittener Länder, unter die wir Rußland nicht zählen können.«

Sicherlich wurde das Problem wieder aktuell, als der Rückgang der revolutionären Möglichkeiten Mitte der 20er Jahre jeder Perspektive einer Machtergreifung außerhalb der sowjetischen Sphäre Aufschübe auferlegte und es erforderte, die Hierarchie der Dringlichkeiten innerhalb der kommunistischen Welt in ihrer Gesamtheit neu zu durchdenken. Bekanntlich war dies der Knotenpunkt des Konflikts zwischen Stalin und Trotzki: Nicht daß der eine oder der andere die absolute Notwendigkeit in Frage gestellt hätte, die russische Revolution zu verlängern, zu überschreiten, zu erweitern, damit sie sich einen Sinn und eine Zukunft erhalte. Aber die beiden Männer verstanden dies auf eine einander radikal entgegengesetzte Weise. Für Trotzki gab es keinerlei Chance, daß die russische Revolution eine auch nur vorübergehende Reglosigkeit der revolutionären Weltbewegung überleben würde: Das Zentrum des Kampfes, einschließlich des Kampfes um die Verteidigung der russischen Revolution, könne kein anderes sein als das Schlachtfeld der Weltrevolution, das Feld, auf dem die Internationale und ihre Sektionen manövrieren. Für Stalin, der nicht glaubte, daß man ein Ereignis machen könne, wurden die Aufrufe und Vorbereitungen zu kurzfristigen neuen Angriffen gegen die herrschenden Mächte durch die Abwesenheit einer günstigen revolutionären Lage in nichtige und leere Beschwörungen und Gesten verwandelt. Unter diesen Bedingungen sei es das Wichtigste, das Errungene zu festigen und darauf eine uneinnehmbare Festung zu errichten. Daher eine Umkehrung der Rolle der Internationale, stärker auf die Verteidigung der Sowjetunion ausgerichtet als auf die Eroberung neuer Sektoren.

Der Umstand, daß Stalin den Sieg über Trotzki davontrug, und daß daher die KI sich seit der Mitte der 20er Jahre einer Strategie anpassen mußte, die auf der Verteidigung Sowjetrußlands und dem Aufbau des Sozialismus in einem Lande begründet war, trug dazu bei, zwei Züge zu fixieren, die der KI unter Stalin eine andere Gestalt verleihen als unter Lenin: eine geringere Vitalität von dem Augenblick an, wo ihr eigentliches Betätigungsfeld – die Revolution in den kapitalistischen Ländern – sekundär geworden war; ihre vollständige Abhängigkeit von den Interessen der sowjetischen Partei und ihres Staates – insbesondere der Außenpolitik des letzteren –, sobald die russischen Angelegenheiten über alle anderen gestellt worden waren.

II. Erneuerungen und Gründungen (1919–1920)

In der allgemeinen Krisensituation, in der 1918 die alte Ordnung der Dinge zusammenbrach, war das Hauptproblem für die sozialistische und Arbeiterbewegung, zu verhindern, daß die alliierten Regierungen, gestärkt durch ihre militärischen Erfolge, in Gestalt von Friedensverträgen ein neues internationales Gleichgewicht zu ihrem Nutzen herstellen würden. Überdies war eine einzige Methode erforderlich, die den Interessen des Proletariats gemäßeste Lösung zu verfolgen. Dies war nicht der Fall, da zumindest vier Formeln konkurrierend die Arbeiterklasse für sich in Anspruch nahmen.

Die Gewerkschaftsinternationale von Amsterdam

Die erste wurde durch den Syndikalismus vertreten. Tatsächlich versammelten sich im Juli 1919 91 Delegierte, die 17 740 000 gewerkschaftlich organisierte Arbeiter aus 14 Ländern repräsentierten, um die Grundlagen einer erneuerten Gewerkschafts-Internationale zu legen, die bald unter dem Namen der Stadt bekannt wurde, wo sie ihren Sitz einrichtete: Amsterdam. Sie erklärten, die Erfahrung der durch den Krieg verursachten Modifikationen in den ökonomischen und gesellschaftlichen Strukturen des Kapitalismus führe zur Forderung nach einer Ausweitung des Arbeiteranteils an der Verteilung der Produktionsgüter wie nach der Arbeitermitbestimmung bei der Beherrschung der Mechanismen der Industriegesellschaft. Sie entwarfen infolgedessen ein gewaltiges Reformprogramm, das die Entwicklung der Lage der Arbeiter in den kapitalistischen Ländern in den kommenden Dezennien wirksam leiten sollte. Damit konnte die Gewerkschafts-Internationale sich eine gewisse Anhängerschaft sichern, wie die Mitgliederzahlen der großen der Internationale angehörenden Zentralen im Jahre 1919 bezeugen:

Gewerkschaftskommission Belgiens	450 000 Mitgl.
Generalkommission der Gewerkschaften Deutschlands	5 400 000 Mitgl.
Britische Trade-Unions	4 755 000 Mitgl.
American Federation of Labor	3 600 000 Mitgl.

Doch wandte sie sich mit einem solchen Programm nur an die Arbeiterklasse der industrialisiertesten Länder. Dessen proudhonistischer Geist entsprach auch nicht den eigentlich politischen Arbeiterbestrebungen und wurde daher zugleich vom westlichen Sozialismus und vom Bolschewismus bekämpft.

Die Wiederherstellung der Zweiten Arbeiterinternationale

Eine zweite Formel war jene, die den Sozialismus nach dem Modell der Vorkriegszeit bei Gelegenheit einer Konferenz vertrat, die im Februar 1919 in Bern mit dem Ziel stattfand, die Sozialisten der ehemals verfeindeten Länder zu reaktivieren. Dies führte zu einem halben Scheitern. Abgesehen von der schweizerischen, italienischen, serbischen und rumänischen sozialistischen Partei, die nach dem Beispiel der russischen Bolschewiki die Teilnahme abgelehnt hatten, erschienen viele Delegationen der von 97 Personen – unter ihnen Axelrod und Martow für die russische Sozialdemokratie – repräsentierten 26 Länder in sich in zwei Lager gespalten. Zwei Themen waren vorgesehen, das eine betraf die Verantwortlichkeiten der sozialistischen Parteien im Krieg, das andere die Haltung, die gegenüber dem Bolschewismus eingenommen werden sollte. Doch das erste gab zu derart leidenschaftlichen Kontroversen Gelegenheit – die Mehrheit der deutschen Sozialdemokraten weigerte sich, einzusehen, daß der deutsche Imperialismus höhere Verantwortlichkeiten mit sich bringe als die alliierten Imperialismen –, daß das zweite noch nicht einmal angeschnitten wurde, weil die Konferenz so sehr gespalten war: Die Rechte verlangte eine ausdrückliche Verurteilung des neuen russischen Regimes, während die Linke sich gegen »jegliche Entehrung der Sowjetrepublik« aussprach.

Zwar blieb die Arbeiterinternationale ein respektiertes Symbol der internationalen proletarischen Einheit und erhielt sich ein großes Wirkungsfeld, sie zählte immer noch 47 Parteien oder Arbeiterorganisationen aus 31 Ländern, darunter:

Labour Party	4 000 000	Mitgl.
Sozialdemokratische Partei Deutschlands	1 000 000	Mitgl.
Belgische Arbeiterpartei	500 000	Mitgl.

Doch in ihren Rekonstruktionsbemühungen gelang es ihr so wenig, die revolutionären Möglichkeiten der Nachkriegszeit zu erfassen, wie sie die des Krieges genutzt hatte. Ihr Schwerpunkt verschob sich mithin politisch nach rechts und geographisch nach Westen – von Berlin nach London –, entfernte sich von jenem Ost- und Mitteleuropa, wo der Donner der Revolution zu vernehmen war.

Die Internationale 2,5

Die Internationale war noch nicht »wiederhergestellt«, als sie bereits den wichtigsten Trumpf ihrer Einheit verlor: Nach der Genfer Konferenz (Juli 1920), die von der »rechten« – britischen – Strömung beherrscht war, traf sich die »Linke« mit den österreichischen Sozialisten, den deutschen Unabhängigen und den französischen Longuettisten (Bern, Dezember 1920, und Wien, Februar 1921) um eine »Arbeitsgemeinschaft sozialistischer Parteien« zu gründen, die sich in gleicher Entfernung von »der naiven Ungeduld Moskaus« wie vom »Genfer skeptischen Mangel an Vertrauen« halten und die theoretische Linie des austromarxistischen Radikalismus verfolgen sollte. So kam sie zu ihrem Spitznamen »Internationale 2,5«, obwohl sie sich nur als Zentrum zur Ausarbeitung einer Plattform für eine einzige und geeinte Internationale verstand.

Die Gründung der Dritten Internationale

Auf das revolutionäre Potential der mit dem Krieg ausbrechenden allgemeinen Krise hatte Lenin schon 1914 seine Strategie gegründet: Auf den Weltkrieg mußte dank der Initiative des internationalen Proletariats eine sozialistische Weltrevolution folgen. Dieser internationale Charakter des ablaufenden revolutionären Prozesses wurde tatsächlich durch die Gründung einer Reihe von kommunistischen Parteien manifest, die sich die bolschewistische Partei zum Vorbild nahmen (August 1918: finnische und lettische KP in Moskau; November: ungarische KP in Budapest auf Initiative von aus Rußland zurückgekehrten ungarischen Kommunisten; Dezember: österreichische KP mit extrem linken Elementen der sozialdemokratischen Partei und aus Rußland zurückgekehrten Kriegsgefangenen; polnische KP durch Fusion der SDPL und der SP; deutsche KP nach der Abhaltung eines konstituierenden Kongresses mit 100 Mitgliedern, davon 83 Delegierte aus 46 Orten).

Doch die Bolschewiki konnten ihre strategische Version vom proletarischen Kampf nur durchsetzen, wenn das unter den besonderen Bedingungen Rußlands erprobte Modell mit einem Generalstab versehen als eines von internationaler Tragweite anerkannt würde. Die Geburt dieses Generalstabs nun, dieser »Weltpartei«

mußte, um nach den Regeln der sozialistischen Legalität registriert zu werden, mit einer internationalen Konferenz zusammenfallen, deren Delegierte das Dekret von Zimmerwald über die Disqualifikation der Zweiten Internationale ratifizieren könnten. So kam es zum Aufruf, am 24. Januar 1919, in Gestalt von einem »Manifest an die Arbeiter der Welt«, einer Einladung zu einer »internationalen kommunistischen Konferenz«, die in Moskau von den Repräsentanten von acht Organisationen und Parteien unterschrieben wurde und sich an 39 sozialistische und Arbeiter-Parteien, -Richtungen und -Gruppen richtete, die sich »auf den Gesichtspunkt der Diktatur des Proletariats in Gestalt der Sowjetmacht« stellten.

Die Konferenz begann am 2. März 1919 mit 33 stimmberechtigten Delegierten (davon 28 aus Europa) und etwa fünfzehn mit beratender Stimme: Abgesehen von acht Russen handelte es sich im wesentlichen um in Rußland lebende politische Emigranten, die Mitglieder der russischen KP waren und keinerlei Mandat hatten, im Namen des Sozialismus ihres Ursprungslandes zu sprechen. Insbesondere fehlten Repräsentanten der großen sozialistischen Organisationen Westeuropas, mit Ausnahme eines Sprechers der deutschen Spartakisten, der im übrigen ausdrücklich beauftragt war, sich der sofortigen Schaffung einer Dritten Internationale zu widersetzen, in der das Gewicht des russischen Bolschewismus von Anfang an zu groß wäre.

Einmal mehr erzwang Lenin so ein Ereignis durch eine Vorgehensweise, die die herrschende Meinung nicht respektierte – die Opposition des internationalen Sozialismus gegen sein Unternehmen –, die gewisse Vorsichtsmaßnahmen vernachlässigte – die Repräsentativität der Delegierten –, die aber das Wesentliche erreichte: die Nutzung des revolutionären Potentials der europäischen Krise. Und das Ereignis gab Lenin recht: Nach dem Aufruf des ersten Kongresses der KI vervielfachten sich die kommunistischen Parteien (März 1919: Beitritt des nationalen Komitees der italienischen SP; April: des Kongresses der norwegischen Sozialdemokraten; der französischen Gruppe Loriot-Saumoneau; Mai: der schwedischen Jugendföderation; Juni: der Konferenz des linken Flügels der schwedischen SP; des bulgarischen sozialdemokratischen Parteitags; Juli: des Zentralkomitees der polnischen KP; des schweizerischen sozialdemokratischen Parteitags; August: des Sozialistenkongresses der Vereinigten Staaten; der KP Ostgaliziens;

September: der KP von Elsaß-Lothringen; Oktober: des Kongresses der italienischen SP; Dezember: der Sozialisten von Böhmen und Mexiko).

Der zweite Kongreß der KI und die 21 Beitrittsbedingungen

Als Sinowjew und Radek im Frühjahr 1920 den zweiten Kongreß der KI einberiefen, führte die Mehrdeutigkeit der revolutionären Situation in Europa, die einerseits von der endgültigen Konsolidierung der Sowjetmacht, andererseits von den Mißgeschicken in Deutschland (März 1920: Kapp-Putsch) gekennzeichnet wurde, dazu, daß es für die KI notwendig schien, eine doppelte Politik gegenüber den europäischen Arbeiterbewegungen zu verfolgen, die darauf abzielte, 1. die kommunistischen *Kerne* zur unverzüglichen Gründung von kommunistischen *Parteien* zu ermuntern, 2. Gespräche mit den Repräsentanten der sozialistischen Parteien mit zentristischer Mehrheit zu eröffnen, um mit ihnen die Bedingungen ihrer Angliederung an die KI zu untersuchen. Doch als der zweite Kongreß zusammentrat (19. Juli 1920), forderte die entschlossene Offensive der Roten Armee in Polen, die die Hoffnung einer kurzfristigen Weltrevolution wieder neu belebte, zur Festigkeit auf. Daher versteiften sich die »Bedingungen«, die den beitrittswilligen sozialistischen Parteien von der neuen Internationale gestellt wurden, und stiegen von anfänglich acht auf 18, dann auf 21.

Sie lassen sich folgendermaßen zusammenfassen: 1. Die alltägliche Propaganda und Agitation müssen kommunistischen Charakter haben (sie müssen gleichzeitig auf die Bourgeoisie und den Reformismus abzielen); 2. Reinigung der verantwortlichen Posten: selbst erprobte Reformisten müssen Kommunisten, selbst rasch aufsteigenden, weichen; 3. legale Tätigkeit muß überall mit illegaler Tätigkeit verbunden werden; 4. Verbreitung kommunistischer Vorstellungen in der Armee; 5. kommunistische Propaganda und Agitation auf dem Lande durch kommunistische Arbeiter; 6. sowohl den Sozialpatriotismus als auch den Sozialpazifismus (Vertreter von internationalen Schiedsgerichten, Abrüstung, Völkerbund) ablehnen; 7. vollständiger und endgültiger Bruch mit erwiesenen Reformisten »wie Turati, Kautsky, Hilferding, Hillquit, Longuet, MacDonald, Modigliani und anderen«; 8. Unterstützung jeder Befreiungsbewegung in den Kolonien, »nicht durch das Wort, sondern durch die Tat«; 9. Bildung kommunistischer Gruppen in den Gewerkschaften, die der Gesamtpartei untergeordnet sind; 10. die »gelbe« Gewerkschafts-Internationale von Amsterdam bekämpfen; 11. die parlamentarische Fraktion säubern; 12. die Organisation der KP auf die Basis des »demokratischen Zentralismus« stellen mittels »an militärischen Gehorsam grenzender eiserner Disziplin«; 13. periodische Säuberungen der kleinbürgerlichen Elemente in den legalen KPen; 14. rückhaltlose Unterstützung der Sowjetrepubliken in ihrem Kampf gegen die Konterrevolution; 15. ein neues kommunistisches Programm aufstellen, das die besonderen Bedingungen des Landes berücksichtigt; 16. den verpflichtenden Charakter der Entscheidungen der KI, »der einzigen Weltpartei«, anerkennen; 17. die Parteien »KP« statt »SP« nennen; 18. in allen kommunistischen Presseorganen die wichtigen Dokumente des Exekutivkomitees der KI publizieren; 19. binnen vier Monaten nach dem zweiten Kongreß der KI einen Kongreß einberufen, um die Beitrittsbedingungen zu diskutieren; 20. ein neues Zentralkomitee wählen, in dem zwei Drittel der Mitglieder schon früher Kommunisten gewesen sein müssen; 21. diejenigen aus der Partei ausschließen, die die Beitrittsbedingungen ablehnen.

III. Einheitsfront (1921–1923)

Die Rote Armee wurde schließlich im August 1920 vor Warschau aufgehalten. Aber vom Gesichtspunkt der Internationale her fand die schlimmste Niederlage in Deutschland statt, als das Zentralkomitee der KP mit der direkten Unterstützung des Exekutivkomitees der Komintern (Bela Kun, S. Pogány, A. Guralsky) die Initiative ergriff, den Generalstreik auszurufen und diesen dann in Sachsen in einen bewaffneten Aufstand zu verwandeln, der schon nach wenigen Tagen zusammenbrach (März 1921).

Der dritte Weltkongreß der KI, der vom 22. Juni bis zum 12. Juli 1921 stattfand, zog die ersten Lehren daraus: Er stellte die Problematik der beiden vorhergehenden Kongresse zurück (das Bevorstehen der Revolution, die Dringlichkeit der Vorbereitungen für den bewaffneten Aufstand und den Bürgerkrieg zur Errichtung der Diktatur des Proletariats) und gab eine neue Losung aus: »In die Massen gehen«, die bereits eine Klimaveränderung bezeugt.

Doch erst das erste Plenum des Exekutivkomitees am 18. Dezember 1921 trieb die neue Logik mit seinen Thesen auf die Spitze.

Thesen über die proletarische Einheitsfront

»Beendung der Angriffe und Übergang zur Belagerung«: Diese Formel Lenins unterstreicht, wie sehr die Umstände es erforderten, von nun an eine Perspektive der längerfristigen Strategie einzunehmen – dem entspricht in Rußland selbst die Einführung einer »neuen ökonomischen Politik« (NEP).

Taktisch entsprach dem die Revision der sozialistisch-kommunistischen Beziehungen auf allen Ebenen. In der vorhergehenden Periode der kurzfristigen Offensivstrategie hatte der Aufruf zur allgemeinen Spaltung darauf abgezielt, innerhalb der Arbeiterbewegung ohne Rücksicht auf ihren theoretischen und politischen Ausgangspunkt alle jene revolutionären Arbeiter zusammenzufassen, die vorbehaltlos die Positionen des Bolschewismus einnahmen. Die Spaltung war also nur ein Mittel, um einen von den Erfordernissen der Lage bedingten Typus von Partei herzustellen. Umgekehrt handelte es sich in der Periode, die nun begann, darum, die gesamte Arbeiterbewegung dazu zu befähigen, der Gegenoffensive des Kapitals einen siegreichen Widerstand entgegenzusetzen: daher die Idee einer »proletarischen Einheitsfront«, die dazu führte, die theoretischen oder politischen Meinungsverschiedenheiten über die Wege und Mittel einer proletarischen Revolution beiseite zu lassen (deren Termin jedenfalls aufgeschoben war) und auf den gemeinsamen Aufgaben zu bestehen, die sich dem gesamten Proletariat stellten, damit es augenblicklich der reaktionären Gefahr entgegentreten könne. Das ist der Sinn des Appells, den das Exekutivkomitee der KI am 1. Januar 1922 ausgab, »An die Proletarier aller Länder für die Einheit der proletarischen Front«, einer Kampffront, die nicht durch das Ziel einer schnellstmöglichen Realisierung der Diktatur des Proletariats zusammengehalten wurde, sondern durch das, »mehr Brot und den Frieden« zu erlangen.

Es ist nicht erstaunlich, daß die jungen kommunistischen Parteien Westeuropas, die sich 1921–22 durch schmerzliche Trennungsprozesse gebildet hatten, von diesem Salto verwirrt waren, der sie in der folgenden Saison dazu führte, sich den Sozialisten der Rechten und der Mitte anzunähern, für die sie kaum genügend harte Worte hatten finden können. Die neue Taktik wurde besonders schlecht von jenen Fraktionen dieser kommunistischen Parteien aufgenommen, die die größten Anstrengungen unternommen hatten, um zu einer Begegnung mit den Bolschewisten zu kommen, von den ehemaligen Rekonstrukteuren oder Zentristen, die sich von so vielen alten Genossen – und oft von ihren inneren Überzeugungen – hatten lösen müssen, um den von der KI festgesetzten Beitrittsbedingungen zuzustimmen. So erklärt es sich, daß Sinowjew und Trotzki – der bereits kranke Lenin war abwesend – bei der Plenarversammlung des Exekutivkomitees (21. Februar bis 4. März 1922, 105 Teilnehmer aus 35 Ländern) den Gesichtspunkt der Internationale acht Sitzungen lang gegen die vereinte Opposition eines Teils der französischen, der italienischen und der spanischen Delegation verteidigen mußten.

Die Berliner Konferenz (2.–5. April 1922)

Indessen zog die KI die letzten Konsequenzen aus ihrer neuen Taktik: Während sie sich in der Zeit von 1919 bis 1920 jedem Projekt einer Begegnung widersetzt hatte, das eine Wiederherstellung der Vorkriegsinternationale hätte einleiten können, nahm sie diesmal die Initiative der Wiener Union freundlich auf. Zum ersten – und zum letzten – Mal seit 1914 trafen sich, wie es seit dem Waffenstillstand diejenigen, die im Februar 1919 die Berner Konferenz veranstaltet hatten, vergeblich gefordert hatten, die Delegierten der Zweiten Internationale (Vandervelde, Huysmans, Stauning, Ramsay MacDonald), die der Dritten (Radek, Bucharin, C. Zetkin, Frossard, Rosmer, Bordiga, Katayama, Smeral) und die der Internationale 2,5 (Crispien, Dietmann, P. Faure, J. Longuet, F. Adler, O. Bauer, Martow, Grimm). Doch die Konferenz, die in Berlin stattfand (April 1922), verwandelte sich bald in ein Tribunal, wo die Dritte Internationale die Rolle des Angeklagten einnahm: Die Repräsentanten der beiden anderen Internationalen stellten den Delegierten der Komintern »Bedingungen« für die Verfolgung gemeinsamer Aktionen. Sie forderten insbesondere »Garantien gegen Zellenbildung«, die Selbstbestimmung für die Ukrainer, Georgier und Armenier, politische Handlungsfreiheit für die nichtbolschewistischen sozialistischen Parteien Rußlands und die Wiederherstellung der Verteidigungsrechte für politische

Gefangene, vor allem für die Sozialrevolutionäre, denen in Moskau gerade der Prozeß gemacht wurde.

Zwar einigten sich die drei Delegationen auf eine Erklärung, die, obwohl sie die organisatorische Vereinheitlichung für den Augenblick ablehnte, doch zumindest die Möglichkeit »gemeinsamer Überlegungen im Hinblick auf gemeinsame Aktionen für konkrete Ziele unter allen bei der Konferenz vertretenen Richtungen« aufrechterhielt; infolgedessen gaben »die Exekutiven ihre Zustimmung zur Bildung eines Organisationskomitees von neun Mitgliedern, mit dem Mandat, Vorbereitungen für neue Konferenzen der drei Exekutiven zu organisieren«. Trotz dieses Ergebnisses betrachtete die erweiterte Exekutive der KI die Berliner Konferenz als gescheitert: Die Kommunisten hatten dabei zu viele Zugeständnisse ohne Gegenleistungen gemacht. Es wurde beschlossen, die Repräsentanten der Komintern aus dem Neunerkomitee zurückzuziehen.

Der vierte Kongreß der KI

Der Widerstand der Rechten innerhalb der kommunistischen Parteien Westeuropas wie das Scheitern der Berliner Konferenz veranlaßten im Juni das Plenum der Exekutive und im Dezember 1922 den vierten Weltkongreß der KI, die Bedeutung der Taktik der Einheitsfront genauer zu bestimmen.

Einerseits beharrte die KI auf der Klassengrundlage des »Arbeiterblocks« im Gegensatz zum »linken Block«, der unter den Volksmassen der westeuropäischen Länder und in den Parlamenten die Kommunisten zu Isolierung und Ohnmacht verdammte. Anderseits beharrte sie ebenso auf dem Faktum, daß die Taktik der Einheitsfront keine Kapitulation gegenüber der Sozialdemokratie darstellte. Weit davon entfernt, sich für Thesen zu verbürgen, die hart verurteilt bleiben, zielte die Komintern, während sie von vornherein jegliche Versöhnung in der Lehre zurückwies und jede organisatorische Fusion ausschloß, in der sie nicht zumindest als autonomer linker Flügel der internationalen Arbeiterbewegung überleben würde, darauf ab, die Arbeitermassen zu gewinnen, die unter reformistischem Einfluß standen, indem sie die Sozialdemokratie vor die Alternative stellte, entweder mit den Kommunisten und unter ihrer Führung zu kämpfen oder als Saboteur der Einheit bezichtigt zu werden.

Trotz dieser Präzisierung gelang es der KI nicht, die Mehrheit der Opponenten davon zu überzeugen, daß ihre neue Politik nicht schlicht und einfach eine Umkehrung der früheren Spaltungsthesen darstellte; in der französischen KP bedeutete dies ein Signal für den Auszug der Rechten: Da der Bolschewismus, so wie er sich in den Jahren der revolutionären Offensive definiert hatte, einer überwundenen politischen Lage entspreche, sei die Notwendigkeit einer Unterordnung unter die Führung Moskaus, nur um eine der neuen Lage angepaßte reformistische Politik zu verfolgen, nicht einsichtig.

Der Gründungskongreß der Sozialistischen Internationale

Nach der Berliner Konferenz waren die Brücken zwischen der Kommunistischen Internationale und den beiden anderen sozialistischen Strömungen endgültig abgebrochen. Die sozialistische Linke, die bisher ihre Autonomie aufgrund der Hoffnung bewahrt hatte, daß diese der Annäherung zwischen der sozialistischen Rechten und der KI dienen könne, konnte die Wiederherstellung einer sozialistischen organisatorischen Einheit nicht mehr erwarten. Am 10. Dezember 1922 schufen die Repräsentanten der Zweiten Internationale und der Wiener Union in Den Haag ein gemischtes Aktionskomitee aus zehn Mitgliedern, das sich im Januar 1923 in Köln versammelte und ein *Manifest an die sozialistischen Arbeiter aller Länder* verabschiedete. Der Gründungskongreß fand schließlich im Mai 1923 in Hamburg statt: Die Sozialistische Internationale trat die Nachfolge der Zweiten Internationale an. So vollendete sich hier die Spaltung der internationalen Arbeiterbewegung, welcher der Sozialismus während des Krieges gerade noch entgangen war, die sich aber mit der Gründung der Dritten Internationale, dem institutionellen Ausdruck des Projekts der Weltrevolution mit Sowjetrußland als Vorläufer, Vorbild und Brennpunkt, manifestiert hatte, und wurde zu einer stabilen Gegebenheit der Arbeiterwelt, die die Kräfteverhältnisse im Innern eines jeden Landes und auf der internationalen Arena veränderte. Von nun an schlugen Sozialismus und Kommunismus, nebeneinander und gegeneinander, unterschiedliche Lösungen für die Weltprobleme vor.

Nichtsdestoweniger hielt sich diese Differenzierung dadurch innerhalb bestimmter Grenzen, daß beide Parteien aus einer gemeinsamen theoretischen Quelle schöpften: dem Marxismus. Das zeigt sich zunächst in der hauptsächlichen Frage der sozialistischen Haltung gegenüber dem sowjetischen Experiment. Unter dem Einfluß emigrierter russischer Menschewisten, die der Wiener Union angehört hatten, nahm die Sozialistische Internationale eine kritische, doch dadurch gemäßigte Haltung ein, daß sie den sozialistischen Charakter des bolschewistischen Unternehmens anerkannte. Das läßt sich an den Dokumenten ihrer Kongresse nachweisen (Marseille 1925, Brüssel 1928, Wien 1931).

Die Kritik bezog sich vor allem auf drei Punkte:

1. Die innenpolitische Lage in der Sowjetrepublik: Die Sozialisten waren der Ansicht, daß das terroristische System der Diktatur des Proletariats sich über jene Notwendigkeiten hinaus verlängere, die von der kurzen, der Liquidierung der Bourgeoisie vorhergehenden Zeitspanne zugelassen werden.

2. Die permanente Feindseligkeit, welche die KI gegenüber der Sozialdemokratie zeige und die sich sowohl durch die Verfolgung von Sozialisten in Rußland selbst als auch durch die Vorgehensweisen, die sie nach außen zur Unterhöhlung der sozialistischen Parteien empfehle, erweise.

3. Die Leninsche Theorie der »Unvermeidlichkeit imperialistischer Kriege«: Die Sozialisten, als Erben des Bernsteinschen Pazifismus, konnten sich nicht entschließen, vom Krieg die Verwirklichung ihres Ideals von Befreiung und sozialer Gerechtigkeit zu erwarten.

Doch war diese Kritik erst einmal artikuliert, wollte die Sozialistische Internationale »weder die Gemeinsamkeit unserer Endziele noch die Gemeinsamkeit unserer proletarischen Grundlage« vergessen. So hatte der Hamburger Kongreß präzisiert: »Aufgabe der Arbeiter der ganzen Welt ist es, mit allen Kräften jene Tendenzen der kapitalistischen Mächte zu bekämpfen, die sich in die inneren Angelegenheiten Rußlands einmischen oder dort einen neuen Bürgerkrieg provozieren wollen.«

Die Sozialisten lehnten von Anfang an jede Intervention in Rußland ab und befürworteten im Gegenteil die Herstellung normaler diplomatischer Beziehungen mit der Sowjetunion und insbesondere deren Aufnahme in den Völkerbund.

Schließlich gab die Sozialistische Internationale nie die Hoffnung auf eine demokratische Entwicklung des Sowjetregimes auf: »Die Regierung«, sagte Bauer, einer der intellektuellen Lehrmeister der Sozialistischen Internationale, »die Inhaber der Produktionsmittel ist, wird sich vom Herrn des Volkes in ein Organ des arbeitenden Volkes verwandeln.«

IV. Bolschewisierung (1923–24)

Die Bolschewiki befanden sich tatsächlich in einer komplizierten Lage. Durch die von den Umständen gegebene Notwendigkeit, einen Kampf zu führen, der zwar die revolutionäre »Gelegenheit« abpassen wollte, doch zunächst begrenzte und sogar konservative Ziele verfolgte (insbesondere gegen Arbeitslosigkeit und Lohnsenkungen), in die Enge getrieben, konnten sie sich kaum von den anderen sozialistischen Strömungen unterscheiden, deren Reformismus ebenfalls immer von den Umständen bedingt gewesen war: Mit Ausnahme einiger seltener Männer an den Rändern des Sozialismus hatte in der Tat kein einziger führender Marxist, welcher Richtung er sich auch zurechnen mochte, jemals die These von der Unvermeidlichkeit eines revolutionären Bruches, gewaltsam oder nicht, jedenfalls vollständig, zum Zweck des Übergangs von der kapitalistischen zur sozialistischen Gesellschaft offen zurückgewiesen. Wie soll man auf Dauer revolutionär sein, und nicht nur in der kurzen Periode, die dem Ausbruch der subversiven Tätigkeit vorangeht, wie soll man der Arbeitermasse eine auf dem russischen Beispiel begründete revolutionäre Perspektive vermitteln, ohne die Illusion zu wecken, der »letzte Kampf« sei nah: Das waren die Fragen, die Weihnachten 1922 die Komintern bewegten.

Die Ereignisse des Jahres 1923 in Deutschland, in Bulgarien und in Polen schoben die Dringlichkeit einer Antwort vorübergehend auf. Doch in allen drei Ländern wurde der von den Kommunisten geleitete Aufstand innerhalb weniger Tage unterdrückt und blieb eine isolierte Episode, unfähig, die Masse der Arbeiter dem mäßigenden Einfluß der Sozialdemokratie zu entreißen oder auch nur das faktische Bündnis zwischen der bürgerlichen Regierung und den antikommunistischen Rechtssozialisten zu brechen. Das Scheitern all dieser Ansätze zum Aufstand, das Verbot der rumänischen KP, die Schwierigkeiten der italienischen KP nach dem Marsch auf Rom durch die Schwarzhemden im Oktober 1922 und dem legalen Sieg des Mussolini-Faschismus, dessen tiefere Bedeutung im übrigen der kommunistischen Bewegung trotz der hellsichtigen Analysen von Gramsci entging, all das bestätigte endgültig die frühere Diagnose der Komintern, was die neuen und ungünstigen Machtverhältnisse auf der Welt betraf.

Eine Diagnose, die im übrigen mit der der Sozialistischen Internationale identisch war: Die Verpflichtung, sich dennoch von der Rivalin abzugrenzen, veranlaßte die Kommunistische Internationale dazu, auf zwei Arten ihre radikale Eigenart zu betonen.

Einerseits, was die Taktik betrifft, so kehrte sie die Bedeutung um, die sie ursprünglich ihren Thesen über die proletarische Einheitsfront gegeben hatte. Die Verdrängung der rechtsorientierten Opponenten nach den Debatten von 1922 hatte den sogenannten linken Tendenzen innerhalb der leitenden Instanzen der kommunistischen Parteien Westeuropas und allgemeiner innerhalb der Komintern ein größeres Gewicht verliehen und führte dazu, daß die Einheitsfront kaum noch als ein vorläufiger und begrenzter Annäherungsversuch zwischen den sozialistischen Strömungen mit dem Zweck, der bürgerlichen Gegenoffensive eine gemeinsame Front des proletarischen Widerstandes entgegenzusetzen, verstanden wurde, sondern als eine Waffe, raffinierter als die Spaltung es gewesen war, deren Spitze gleichermaßen gegen die Sozialdemokratie gerichtet sei.

Anderseits sollte die KI, statt zur Gewinnung der Arbeitermassen, die sich noch im Umkreis des Reformismus befanden, für den Bolschewismus anzuregen – »In die Massen gehen« –, nun daran arbeiten, gerade wegen der auflösenden Wirkungen, die die Kontakte innerhalb der Praxis der Einheitsfront mit sich brachten, die kommunistische Identität in dem zu bestätigen und zu bewahren, was sie an radikal Unterschiedlichem und Wirksamem hatte, vor allem auf jener Ebene, auf der sie am besten bekannt und etabliert war: eine Partei von neuem Typus zu sein. Daher die Losung von der Bolschewisierung und Säuberung, die der fünfte Weltkongreß der KI im Juni/Juli 1924 ausgab. Die Absicht ist offenkundig: Je mehr die kommunistische Bewegung umständehalber gezwungen war, taktische Konzessionen zu machen – wie die NEP in Rußland, die Einheitsfront in den kapitalistischen Ländern –, desto mehr muß sie ihr eigenes Wesen festigen und mittels einer systematischen Säuberung jene unter ihren Mitgliedern ausstoßen, die von fremden Konzeptionen vergiftet waren. Die russische KP hatte das gleichsam instinktiv demonstriert: Ihr zehnter Kongreß, der den Grundsatz der NEP verabschiedet hatte, verbot die Bildung von Fraktionen, beschloß die »Prüfung und Säuberung der Ränge der Partei« und verschärfte die Unterdrückung der Sozialrevolutionäre und Menschewiken.

Die Bolschewisierung – oder Umstrukturierung aller KPen nach dem Vorbild der russischen bolschewistischen Partei – implizierte drei neue Tatbestände:

1. Der »demokratische Zentralismus«, der das in den alten sozialistischen Parteien traditionell bestehende Primat der Autonomie unterer Organisationsebenen gegenüber den oberen umkehrte. Von nun an befanden sich Initiative, Macht, Autorität, Anfang und Ende der Entscheidungsprozesse im Zentrum, das heißt auf der höchsten Ebene.

2. Die Bildung einer führenden Zelle und eines *permanenten Apparates*. Die in den sozialistischen Parteien klassische kämpferische Initiative, die von der Basis ausgeht, wurde abgeschafft. Von nun an mußte »die Rüstung einer revolutionären Partei in einem ausgedehnten Netz von Berufsrevolutionären bestehen«.

3. Die Einrichtung von *Betriebszellen*, durch eine Modifikation des Fundaments, auf dem die organisatorische Pyramide ruhte.

Die »Resolution über die Neuorganisation der Partei auf der Basis von Betriebszellen« argumentierte in folgenden Begriffen: Die Sozialdemokratie, die einzig mit Reformen im Rahmen der bürgerlichen Demokratie, zumal mit Wahlen und parlamentarischen Notwendigkeiten beschäftigt war, war infolgedessen nach Wahldistrikten organisiert; ihre Basis war die Ortsgruppe und ihr Organisationsprinzip der Wohnort. Die KP, die die Arbeiter in den revolutionären Kampf führen wollte, um den Kapitalismus zu schlagen und die Macht zu erobern, mußte andere Organisationsformen schaffen, denn ihr hauptsächlicher Stützpunkt lag in den Fabriken. Die KP mußte daher ihre Basis unter den Arbeitern finden, in der Fabrik und am Arbeitsplatz.

Hier lag im Keim schon die These, die später theoretisch begründet wurde, nach der allein die KPen »Parteien der Arbeiterklasse« seien, während die sozialistischen nur Parteien darstellten, die nicht allein der Ideologie nach, sondern auch in ihrer sozialen Zusammensetzung der kleinbürgerlichen Sphäre angehörten.

Darauf folgte in allen KPen, den legalen und illegalen, eine aufgeregte Betriebsamkeit, um die Organisation dergestalt umzuformen, daß die Kommunisten in Zellen neu zusammengefaßt wurden, die in Fabriken, Werkstätten, Verwaltungen und Schulen eingerichtet wurden: Die Einteilung der Sektionen (vermittelnde Koordinationsstellen zwischen mehreren Zellen), die Methoden des Einsammelns von Mitgliederbeiträgen, die Zusammensetzung der Leitungen (der Zellen, der Sektionen, der Föderationen) und die Kampagnen zur Mitgliederwerbung mußten von nun an im Zusammenhang mit dieser Art der Organisation konzipiert werden.

Es ist nicht anzuzweifeln, daß diese Bestimmung – die durch alle späteren Änderungen hindurch erhalten blieb – auf entscheidende Weise dazu beitrug, die Zugehörigkeit der kommunistischen Parteimitglieder und Kader zur Arbeitswelt zu garantieren. »Jede Fabrik wird eine Zitadelle der KP sein.« Umgekehrt brachte sie drei Arten von Schwierigkeiten mit sich, die niemals vollständig gelöst wurden. Zunächst technische Organisationsschwierigkeiten bei Arbeitern in Unternehmen mit instabiler Infrastruktur (zum Beispiel im Baugewerbe) und bei den Arbeitslosen (während der großen Depression). Dann die quasi-theoretische Schwierigkeit, die die Definition des innerbetrieblichen Verhältnisses zwischen Politischem und Ökonomischem betrifft (unter dem Gesichtspunkt der Organisation zwischen der Parteizelle und der Gewerkschaftsgruppe): Der Ökonomismus stellte hier eine permanente Gefahr dar. Und schließlich eine Schwierigkeit soziologischer Art, nämlich die, in Ländern mit schwacher Industriestruktur die nicht proletarischen unterdrückten Massen zu organisieren.

Der Erfolg der Bolschewisierung der KPen als doppelter Prozeß der *Ausstoßung* letzter von den verschiedenen Sozialismen ererbter Traditionen, aus denen sie hervorgegangen waren, und des *Erwerbs* von Mechanismen, die so eng wie möglich dem Vorbild der Bolschewiki angeglichen waren, sollte eine letzte Garantie durch ihre Säuberung finden. Doch das wurde dadurch erschwert, daß das Modell, die russische KP, sich gerade mitten in einer Wandlung befand. Nachdem Lenin im Januar 1924 gestorben war, hatte der Kampf um seine Nachfolge eine verschärfte Form angenommen. Stalin, Sinowjew und Kamenew waren eine Allianz gegen Trotzki eingegangen. Von nun an war der Bolschewismus mit der

Vorstellung identifiziert, die das Triumvirat sich von ihm machte. Dies erklärt, daß der Mechanismus der Säuberung, wie sie im Namen der Bolschewisierung der Parteien vorgenommen wurde, in jedem Land aufgrund der konkreten Modalitäten ablief, die mit den Reaktionen der nationalen Führung auf die Angelegenheiten der russischen KP zusammenhingen. Daher wurden unter einer und derselben Rubrik der Bolschewisierung sowohl sogenannte rechte wie sogenannte linke Gruppierungen ausgeschlossen, deren einzige Gemeinsamkeit zunächst die »Unterstützung der trotzkistischen Opposition« war, dann, als das Triumvirat sich verschoben und Sinowjew sich von Stalin getrennt hatte, die »Unterstützung der trotzkistisch-sinowjewistischen Opposition«. Unter Einbeziehung unzähliger Umschwünge und Interferenzen traf die Säuberung im Zuge der Bolschewisierung sowohl auf der rechten Seite die Brandlersche Gruppe der deutschen KP wie die Gruppe der drei W – Warski, Walecki und Wera Kostrzewa – der polnischen KP, die Bubnik-Gruppe der tschechischen KP und die »opportunistische und liquidatorische« Fraktion von Tscheng Du-xu der chinesischen KP, erst Souvarine und dann Rosmer in der französischen KP; auf der linken Seite die »anarchosyndikalistische« Gruppe von Bordiga in Italien und die »ultralinke« Gruppe von Maslow und R. Fischer in Deutschland. Letztendlich sollte die Bolschewisierung der KPen sich mit ihrer Stalinisierung vermischen.

V. Antikolonialismus

Der Kongreß der Völker des Ostens

Vor 1914 hatten die marxistischen Theoretiker einschließlich Lenins kaum die besonderen Probleme der Kolonialländer behandelt, so selbstverständlich schien es, daß die Befreiung der vom Kapitalismus ausgebeuteten Welt das Ergebnis einer sozialistischen Revolution im Okzident sein würde, und daß im übrigen Sozialisierung Europäisierung bedeuten würde: »Nur aus Europa kann das Signal für die Revolution kommen, die die gesamte Menschheit befreien wird« (Rosa Luxemburg).

Zwar hatte Marx angedeutet, in Anbetracht der »gewaltigen Revolution von Taiping und unter Berücksichtigung der Abhängigkeit der englischen Industrie von den asiatischen Märkten, daß sich ein Zusammenhang zwischen den Revolutionen in den zurückgebliebenen Ländern und der sozialistischen Revolution zeigen« werde. Und er hatte auch vorhergeahnt, daß »die Sterbeglocke des alten China bald ertönen wird ... In wenigen Jahren werden wir Zeugen der Agonie des ältesten Reiches der Welt und des Tages sein, mit dem eine neue Ära für ganz Asien beginnen wird[1].« Doch seine Schriften und Untersuchungen über »die asiatische Produktionsweise« sollten im wesentlichen erst 1939 veröffentlicht werden.

Ebenso nahmen Lenin und der erste Kongreß der KI nur die traditionellen Gedanken zu diesem Thema auf: Die Befreiung der Kolonien, sagte das Manifest des ersten Kongresses, ist nur vorstellbar, wenn sie gemeinsam mit der der Arbeiterklasse in den Metropolen stattfindet. Die Arbeiter und Bauern, nicht nur in Annam, Algerien oder Bengalen, sondern auch in Persien oder Armenien, können erst an jenem Tage die Unabhängigkeit genießen, an dem die Arbeiter Englands und Frankreichs, nachdem sie Lloyd George und Clemenceau verjagt haben werden, die Regierungsmacht in ihre Hände genommen haben werden.

Doch die Einbeziehung der Völker Asiens und Afrikas in den Ersten Weltkrieg, die Unsicherheit der kurzfristigen revolutionären Perspektiven im Westen, das Anwachsen einer Bewegung nationaler antiimperialistischer Befreiung, die Praxis der Bolschewiki gegenüber den Kolonien des alten Zarenreiches, die Anwesenheit von Delegierten kommunistischer Organisationen, die allmählich in den kolonialisierten und abhängigen Ländern entstanden, alles lief darauf hinaus, der »kolonialen Frage« eine von der »nationalen Frage« unterschiedene Bedeutung zu geben, mit der sie bisher vermischt worden war. Beim zweiten Kongreß der KI wurde die Kolonialfrage in der achten der 21 Beitrittsbedingungen behandelt:

»Jede der Dritten Internationale angehörige Partei hat die Pflicht, die Heldentaten ›ihrer‹ Imperialisten in den Kolonien unerbittlich anzuprangern, jede Befreiungsbewegung in den Kolonien nicht durch Worte, sondern durch Taten zu unterstützen, die Vertreibung der Kolonien der Imperialisten aus der Metropole zu fordern, im Herzen der Arbeiter des Landes wahre brüderliche Ge-

---

[1] Da die Zitate nicht nachgewiesen sind, wurden sie rückübersetzt. (A. d. Ü.)

fühle für die arbeitende Bevölkerung der Kolonien und die unterdrückten Völker zu nähren und unter den Truppen der Metropole eine andauernde Agitation gegen jede Unterdrückung der Kolonialvölker zu betreiben.«

Und die vom Kongreß verabschiedeten *Thesen und Zusätze über die koloniale und die nationale Frage* präzisierten: »Die genaue Festlegung der Beziehungen zwischen der Kommunistischen Internationale und der revolutionären Bewegung in den Ländern, die vom kapitalistischen Imperialismus beherrscht werden, insbesondere in China, sind eine der wichtigsten Fragen für den zweiten Kongreß.«

Das Ziel war nun festgelegt: »Ein enges Bündnis zwischen dem europäischen kommunistischen Proletariat und der bäuerlichen revolutionären Bewegung des Ostens, der Kolonien und überhaupt der zurückgebliebenen Länder zu schaffen.«

Aus diesem Geist heraus beschloß der zweite Kongreß, für den Herbst einen *Kongreß der Völker des Ostens* einzuberufen, der tatsächlich in Baku mit 1823 Delegierten stattfand, welche außer den »russischen« Territorien Zentralasiens die revolutionären Vereinigungen Persiens, Chinas, Indiens und der Türkei repräsentierten. Doch hier schon konnte man sich fragen, ob der Kongreß, der dazu gedacht war, die Notwendigkeit einer Vereinigung des revolutionären Orients und Okzidents zu bezeugen, nicht in Wirklichkeit die Aufwertung des einen gegen den andern bedeutete. Konnte sich der im Westen blockierte Bolschewismus im Osten ausdehnen? Dies war etwa der Gedanke des indischen Kommunisten M. N. Roy:

»Es ist unerläßlich, unsere Energien der Entwicklung und Unterstützung der revolutionären Bewegung im Osten zu widmen und als grundlegende These anzunehmen, daß das Schicksal des Weltkommunismus vom Sieg des Kommunismus im Osten abhängt.«

Eine These, die Lenin im übrigen für übertrieben hielt: »Der Genosse Roy geht zu weit, wenn er meint, das Schicksal des Westens hinge ausschließlich vom Entwicklungsgrad und der Stärke der revolutionären Bewegung in den östlichen Ländern ab . . . Den indischen Kommunisten ist es noch nicht gelungen, in ihrem Land eine kommunistische Partei zu gründen, und allein dies Faktum beweist hinreichend, daß die Ansichten des Genossen Roy zu einem großen Teil der Grundlage entbehren.«

Die Kommunistische Internationale sollte, bescheidener, ihre Energie darauf verwenden, die KPen der kolonisierenden Länder von ihren Pflichten zu überzeugen: Als das Exekutivkomitee der KI im Mai 1922 einen *Appell für die Befreiung Algeriens und Tunesiens* verbreitete, verurteilte die Sektion von Sidi-bel-Abbès, die im übrigen zu den ersten Mitgliedern der Dritten Internationale gehört hatte, »den Plan einer islamischen algerischen Massenerhebung als gefährliche Verrücktheit, dessen die algerischen Gliederungen der KP, die vor allem einen marxistischen Sinn für Situationen haben, sich nicht vor dem Urteil der kommunistischen Geschichte schuldig machen wollen.«

Noch beim fünften Kongreß der KI mußte Katayama, der Delegierte der japanischen kommunistischen Partei »bedauern, daß Sinowjew derart wenig vom Orient gesprochen hat; der Bericht und die Thesen von Varga beziehen sich nur auf Europa und Amerika«; während Ho Tschi Minh zur Bedeutung der Kolonien für die Weltrevolution erklärte:

»Wenn ihr die Möglichkeit und die Mittel einer Verwirklichung der Revolution diskutiert und euren Kriegsplan ausarbeitet, habt ihr, englische und französische Genossen, und auch ihr, Genossen aus anderen Ländern, diesen wichtigen strategischen Punkt ganz aus dem Gesichtskreis verloren. Deswegen rufe ich euch mit aller Kraft zu: Achtung!«

Die chinesische Frage

Vor allem mußte die KI nun ihre Politik an der Kolonialfront bestimmen. Der zweite Kongreß der KI hatte erkannt, daß »die Pioniere der revolutionären Bewegungen in den Kolonien eingeborene bürgerliche und intellektuelle Kreise gewesen waren«. Was für Beziehungen sollte die KI als kommunistische Organisation in den Kolonien unter diesen Bedingungen zu solchen bürgerlichen nationalistischen Bewegungen einnehmen?

Für M. N. Roy stand fest, daß »es in diesen Ländern zwei Bewegungen gibt, die sich Tag für Tag weiter voneinander trennen. Die eine ist die bürgerlich-demokratische nationalistische Bewegung, die ein Programm politischer Unabhängigkeit im Rahmen einer bürgerlichen Ordnung hat; die andere ist die Massenbewegung der armen und ungebildeten Bauern und Arbeiter, die für ihre Befreiung von jeglicher Art von Ausbeutung kämpfen. Die erste versucht, die zweite unter ihre Kontrolle zu bringen, und ist darin in gewissem Maße oft erfolgreich. Doch die kommunistische Internationale und die ihr angehörenden Parteien müssen diese Kontrolle bekämpfen und die Entwicklung des Klassenbewußtseins unter den Arbeitern der Kolonien unterstützen.«

Lenin war zurückhaltender und drückte seine Zweifel an der Legitimation einer Haltung aus, die jegliche Kollaboration mit der nationalen Bourgeoisie zurückwies: »Es kann nicht den geringsten Zweifel daran geben, daß jede nationale Bewegung nur bürgerlich-demokratisch sein kann, denn die große Masse der Bevölkerung in den zurückgebliebenen Ländern besteht aus Bauern. Es wäre ein utopischer Gedanke, daß die proletarischen Parteien, die freilich in diesen Ländern in Erscheinung treten können, eine kommunistische Taktik und Politik verfolgen könnten, ohne gewisse Beziehungen zu der bäuerlichen Bewegung zu unterhalten und sie tatkräftig zu unterstützen.«

Er nahm es jedoch hin, von der weiteren Formel »Unterstützung der bürgerlichen demokratischen Bewegung« zu der engeren »Unterstützung der revolutionären nationalen Bewegung« überzugehen. Vor allem aber führte die Debatte zur Empfehlung eines solchen Bündnisses, »ohne jemals zu verschmelzen . . ., unter beständiger Beibehaltung des unabhängigen Charakters der proletarischen Bewegung, selbst in ihrer embryonalen Form«.

Kurz nach dem Kongreß von Baku traten die Bolschewisten in einen Konflikt mit den islamischen Kommunisten ein: Diese vertrauten auf die materielle Unterstützung, welche das revolutionäre Potential des Orients für die Weltrevolution darstellte, und betonten überdies die Notwendigkeit, die Solidarität zwischen den sozialen Schichten und Klassen der unterdrückten Länder im Kampf gegen die Kolonialherrschaft aufrechtzuerhalten. Die eingeborenen Kader der jungen islamischen Republiken wurden nach und nach zugunsten proletarischer Elemente aus Rußland ausgeschaltet. Das berühmteste Opfer dieses Säuberungsprozesses war der tatarische Kommunist Sultan Galiev, der gerade erst durch Stalin ins Kommissariat der Nationalitäten aufgenommen war. Er war Autor mehrerer Werke, in denen er aufzeigte, was die Proletariate des Orients von denen des Okzidents trennte, und so weit ging, die sowjetischen Kommunisten zu beschuldigen, sie wollten die Unterdrückungspolitik der westlichen Bourgeoisien fortsetzen, weshalb er vorschlug, die »proletarischen Nationen« in einem großen Nationalstaat, dem Turan, zusammenzuschließen. So war die Hoffnung auf einen Kompromiß zwischen Bolschewisten und »islamisierten« Kommunisten, deren Theoretiker Hanafi Mussafar geworden war, endgültig enttäuscht. Obwohl G. Safarow Lenin von der Notwendigkeit solcher Untersuchungen zu überzeugen suchte, trug der Zentralismus den Sieg davon, und der Gedanke eines dem Islam angepaßten Kommunismus wurde geopfert.

In der Kolonialpolitik der Komintern sollte der vierte Kongreß einen neuen Wendepunkt darstellen. Dieser Kongreß, der bekanntlich die »proletarische Front« in Europa propagierte, mußte aufgrund des Prinzips der Einheit zwischen der bäuerlichen revolutionären Bewegung des Ostens und der proletarischen revolutionären Bewegung des Westens den Begriff des Bündnisses durch den der »antiimperialistischen Einheitsfront« ersetzen. Doch offensichtlich war hier der Sinn des Ausdrucks Einheitsfront weiter als im europäischen Bereich: Nachdem der fünfte Kongreß die große Schwäche der KPen in den Kolonien zur Kenntnis genommen hatte (KP Chinas: 800 Mitglieder; Java: 2000; Persien: 600; Ägypten: 700; Palästina: 100; Türkei: 600), wünschte er, ein wirkliches Bündnis mit der nationalen Bourgeoisie anzuknüpfen, und milderte daher seine jener gegenüber kritische und unabhängige Haltung erheblich. Die KI zwang so die junge chinesische KP, zum linken Flügel der *Kuomintang* zu werden, und verbot ihr, die Arbeiter zu bewaffnen, Sowjets zu bilden und die Bauern zum Aufstand anzutreiben: Es sollte darum gehen, den »Block der vier Klassen« (Arbeiter, Bauern, Kleinbürgertum und nationale Bourgeoisie) zu festigen, um etappenweise, zumal über die Etappe der »demokratischen Diktatur der Arbeiter und Bauern«, zur Diktatur des Proletariats zu gelangen. Im übrigen betrachtete Stalin die Kuomintang nicht als bürgerliche Partei, sondern identifizierte sie mit der englischen Labour Party, in die einzutreten Lenin 1920 den britischen Kommunisten geraten hatte.

Der militärische Staatsstreich Tschiang Kai-scheks in Schanghai im April 1927, der Bruch der nationalistisch-kommunistischen Koalition und das Massaker, das ihre Verbündeten von der Kuomintang an den Kommunisten in Schanghai, Peking, Nanking und

Kanton verübten, setzte auf katastrophale Weise dieser Politik der Kollaboration zwischen Nationalismus und Kommumismus ein Ende.

Trotzkis Bruch mit der KI

Die chinesische Angelegenheit sollte auch den Punkt des Bruches zwischen Trotzki und Stalin im Innern der russischen KP bedeuten.

Schon 1923 hatte Trotzki Vorschläge für den Kampf gegen die »Bürokratisierung« des Staates und der Partei gemacht. 1926 war es die Frage des *Englisch-Russischen Komitees,* an der sich die Polemik neu entzündete. Die KP hatte beschlossen, ein Komitee zu bilden, das Repräsentanten des Generalrats der britischen Trade-Unions und der russischen Gewerkschaften vereinte; von diesem Bündnis, das die Klassensolidarität des englischen und des russischen Proletariats bezeugte, erhofften sich die Sowjets, daß es die englische Regierung darüber belehren könne, welche Gefahr sie mit einem Angriff gegen das revolutionäre Rußland liefe. Als sich nun ein englischer Bergbaustreik zu einem Generalstreik entwickelte, der am 1. Mai begann, zehn Tage dauerte und dann von der reformistischen Mehrheit der Trade-Unions abgebrochen wurde, verurteilten die gewerkschaftliche Minderheit und die englische KP diesen Verrat an den Bergarbeitern, die ihren Streik allein fortsetzten. Trotzdem weigerte sich Stalin, das Englisch-Russische Komitee aufzulösen, da er die Verteidigung der UdSSR für wichtiger hielt als den Fortschritt der revolutionären Bewegung in Großbritannien. An der chinesischen Frage wurde schließlich im Jahre 1927 die Natur der Opposition zwischen Stalin und Trotzki theoretisch ganz deutlich. Sie spitzte sich auf die Alternative zu: Permanente Revolution oder Sozialismus in einem Lande. Trotzki meinte im übrigen, daß es sich weniger um eine strategische Meinungsverschiedenheit über den Weg zur Herstellung des Sozialismus auf der Welt handele als um den Kampf zwischen zwei politischen Richtungen: Die trotzkistische Fraktion repräsentiere die Interessen des Weltproletariats und die stalinistische die Interessen der Bürokratie von Sowjet-Partei und -Staat.

VI. Klasse gegen Klasse (1928–1933)

Für die Verteidigung der Sowjetunion

Um in Rußland selbst die Linksopposition auszulöschen, hatte Stalin sich Bucharin genähert und ihn als Nachfolger Sinowjews an die Spitze der KI gestellt. Bucharin, der sich sowohl von »linken« wie von »rechten« Ansichten verführen ließ, beschrieb eine Welt, die offenkundig in die »dritte Periode« (der Krise des Kapitalismus) eingetreten sei: Dies bedeute sicherlich eine neue Epoche von Kämpfen und Bürgerkriegen, die einer Wiederaufnahme der revolutionären Offensive günstig seien, zunächst aber eine gefährliche Situation, in welcher der Imperialismus in seiner verzweifelten Lage beschließen könne, direkt gegen die Sowjetunion vorzugehen.

Diese Sicht der Dinge rechtfertigte zwei konkrete Ziele. Zunächst müsse eine diplomatische Isolierung der Sowjetunion vermieden werden, nachdem die Politik von Rapallo gefährdet war, welche Rußland 1922 zu einer Annäherung an Deutschland geführt hatte, um die Konstituierung einer Einheitsfront der europäischen Großmächte gegen den Kommunismus zu verhindern. Alsdann sollte der internationale Kommunismus zu einer vorgeschobenen Verteidigungslinie werden, hinter der in der UdSSR friedlich der Sozialismus aufgebaut werden könne, wie es die Verkündung des ersten Industrialisierungsplans (1928) bezeugen wollte.

Schon das achte Plenum der KI war im Mai 1927 zu dem Schluß gekommen, daß »die Gefahr eines Krieges gegen die Sowjetunion zur brennendsten Frage der internationalen Arbeiterbewegung« werde. Doch erst der sechste Weltkongreß, der 43 Tage lang (17. Juli–1. September 1928) in Moskau tagte, gab die klarste Definition der Aufgaben, die dem internationalen Proletariat aus dem Aufbau des Sozialismus in einem Lande erwuchsen. Das *Programm der KI,* das am 1. September angenommen wurde, präzisierte (5. Abschnitt, § 3):

»Das internationale Proletariat, dessen einziges Vaterland die UdSSR ist, die Festung seiner Eroberungen, der wesentliche Faktor seiner internationalen Befreiung, hat die Aufgabe, zum Erfolg des Aufbaus des Sozialismus in der UdSSR beizutragen und sie mit allen Mitteln gegen die Angriffe der kapitalistischen Mächte zu verteidigen.«

Das wurde auf den fünfzig Seiten der *Thesen über den Kampf gegen den imperialistischen Krieg und die Aufgaben der Kommunisten* genauer entwickelt.

In einer in zwei Lager gespaltenen Welt, »einerseits die Gesamtheit der kapitalistischen Welt, andererseits die UdSSR, um die sich das internationale Proletariat und die unterdrückten Völker der Kolonien sammeln«, seien die verschiedenen Vorfälle des internationalen Lebens – eingeschlossen der Briand-Kellog-Pakt, der im August 1928 »den Krieg außerhalb des Gesetzes« stellte – als ankündigende Zeichen für einen imperialistischen Angriff zu interpretieren: »Alle im Schutz des Völkerbundes geschlossenen Bündnisse, alle Pakte dienen nur dazu, die Kriegsvorbereitungen, insbesondere gegen die Sowjetunion, zu verbergen und zu begünstigen.« Schädlich, weil einschläfernd, seien von nun an die »pazifistischen Kampagnen« zur Propagierung von Abrüstung, Einrichtung von Schiedsgerichten, Organisation der kollektiven Sicherheit; all dies seien »Akte tiefster Heuchelei«, zu denen die Sozialdemokratie sich hergebe, die durch ihre aktive Kollaboration mit dem Imperialismus vom *Sozialchauvinismus* zum *Sozialimperialismus* übergegangen sei.

Gewiß, die Spaltung der Welt in zwei Lager mit dem revolutionären Proletariat aller Länder – dessen bewußter und organisierter Ausdruck die Kommunisten seien – auf der Seite der Sowjetunion unterdrücke nicht die Existenz sekundärer Widersprüche; Widersprüche zwischen imperialistischen Mächten, zum Beispiel, und vor allem zwischen Großbritannien und den Vereinigten Staaten; sowie von der Natur des Imperialismus hervorgebrachte Antagonismen zwischen den ausbeutenden Ländern und den unterdrückten Ländern, die infolgedessen dazu neigen würden, sich im Kampf gegen ihre Unterdrücker auf das sozialistische Lager zu stützen.

Daher könne man seit der Oktoberrevolution drei Typen von möglichen Kriegen unterscheiden:

– Kriege zwischen imperialistischen Staaten;

– Kriege der imperialistischen Konterrevolution gegen proletarische Staaten;

– nationalrevolutionäre Kriege, zumal in den Kolonien, gegen den Imperialismus.

Anschließend stellen die *Thesen* ausführlich dar, welche Haltung das von den Kommunisten geleitete Proletariat in den drei Fällen jeweils einnehmen müsse. Wenn für den ersten Fall immer noch die Gedanken gültig waren, die Lenin während und nach dem Ersten Weltkrieg entwickelt hatte, welcher als »klassisches Beispiel« eines reaktionären imperialistischen Krieges betrachtet wurde, so formulierten die Thesen für den zweiten Fall drei Gedankengänge, die nie zuvor mit solcher Schärfe ausgedrückt worden waren und streng einer von jener Prämisse ausgehenden Logik folgten, nach der die Arbeiter nur ein Vaterland haben, das sozialistische Vaterland, und nur ein Ziel, die Weltunion der sozialistischen Sowjetrepubliken.

1. Im Fall eines imperialistischen Krieges gegen die Sowjetunion wandelt sich die permanente Taktik des »revolutionären Defätismus« zu einer Taktik des Kampfes für den Sieg der Sowjetunion.

»a) Das Proletariat der imperialistischen Länder muß nicht nur für die Niederlage seiner Regierung in diesem Krieg kämpfen – es muß auch aktiv für den Sieg der Sowjetmacht arbeiten.

b) Daher werden seine Taktik und die Wahl der Kampfmittel nicht allein von den Interessen des Klassenkampfes in seinem Land bestimmt, sondern auch von den kriegerischen Interessen an der Front, da es sich um einen Klassenkrieg der Bourgeoisie gegen den proletarischen Staat handelt.

c) Die Rote Armee ist keine ›feindliche‹ Armee; sie ist die Armee des internationalen Proletariats. Das Proletariat der kapitalistischen Länder wird sich in Zeiten eines Krieges gegen die UdSSR nicht von der Bourgeoisie einschüchtern lassen, die es des Hochverrats anklagen wird, und es wird sich durch diese Drohung nicht hindern lassen, die Rote Armee zu unterstützen.«

Doch die Haltung der Kommunisten wurde nicht nur solcherart für die Zeit präzisiert, in der ein Krieg ausgebrochen wäre, sondern auch für die vorhergehende Zeit festgelegt.

2. Die Kommunisten unterstützen beständig die Friedenspolitik der Sowjetunion. Die Sowjetunion ist, indem sie die Widersprüche zwischen den imperialistischen Mächten ausnutzt, in der Lage, den Termin aufzuschieben. Dieser »Kampf um den Frieden« hat den Vorteil, den Völkern einen zusätzlichen und bedeutenden Grund zu geben, den Imperialismus als Anstifter des Krieges zu verurteilen; sie hat vor allem den Vorteil, der Sowjetunion den notwendigen Aufschub zu garantieren, ihr wirtschaftliches und militärisches

Potential zu konsolidieren:

»Ihr Plan ist es, die Wachsamkeit zum Nutzen der internationalen Revolution zu erhöhen und die Unternehmungen zum Aufbau des Sozialismus zu schützen, deren Existenz allein und deren Wachstum schon dazu beitragen, die Welt zu revolutionieren.«

3. Diese Friedenspolitik der Sowjetunion muß wiederum richtig interpretiert werden. »Sie bedeutet keineswegs, daß die Sowjetmacht sich damit abgefunden hätte, die Existenz des Kapitalismus hinzunehmen.« Denn die inneren Streitigkeiten im imperialistischen Lager neigen zum Verschwinden, wenn die Kräfteverhältnisse zwischen den beiden grundlegend antagonistischen Lagern sich zugunsten des sozialistischen Lagers verschieben:

»Im Prozeß der proletarischen Revolution sind Kriege zwischen proletarischen Staaten und bürgerlichen Staaten für die Befreiung der Welt vom Kapitalismus *unvermeidlich* und *notwendig.*«

Diese theoretische Klärung schlug die KI für die mehrdeutige sowjetische Außenpolitik vor, die sich gleichzeitig für die Erhaltung des Friedens und die Ausbreitung der proletarischen Revolution aussprach.

In diesem Rahmen jedoch insistierten die *Thesen* auf dem hauptsächlichen Fehler, der allen Sektionen der KI angelastet wurde: »Die Unterschätzung der Gefahr und der Bedrohung durch einen Krieg.«

»So etwa verging nach der Abberufung von Rakowskij (dem sowjetischen Botschafter in Paris) ein recht großer Zeitraum, bis die französischen Genossen dies Ereignis als einen entscheidenden Schritt Frankreichs auf dem Wege zur diplomatischen Vorbereitung des Krieges gegen die Sowjetunion gewürdigt haben.«

Programm und *Thesen* gipfelten in der Verabschiedung einer *Resolution über die internationale Kampagne gegen den Krieg,* »in Anbetracht der aktiven Vorbereitungen der imperialistischen Mächte auf eine Intervention gegen die UdSSR, auf den Krieg gegen die chinesische Revolution und auf den Krieg zwischen den imperialistischen Mächten selbst; in Anbetracht der verräterischen Rolle aller Tendenzen der internationalen Sozialdemokratie, die aktiv und zynisch ihrem jeweiligen Imperialismus bei seinen Vorbereitungen auf ein neues weltweites Gemetzel helfen . . .«. Der Kongreß forderte infolgedessen die Zentralkomitees aller Parteien auf, unverzüglich die Vorbereitung eines *Internationalen Tages des*

Kampfes gegen den imperialistischen Krieg und für die Verteidigung der Sowjetunion in Angriff zu nehmen; der erste fand am 1. August 1929 statt.

Von nun an wurde der Kampf gegen den imperialistischen Krieg zum zentralen Thema in der Propaganda der Sektionen der KI und organisierte sich in einer »Massenbewegung«, die unter dem Namen Amsterdam-Pleyel bekannt wurde, da ihr erster Kongreß in Amsterdam, der zweite im Pleyel-Saal in Paris stattfand.

Klasse gegen Klasse

Die Einschätzung der internationalen Politik als Klassenkampf auf weltweiter Ebene brachte die Überzeugung mit sich, daß der gespannte Zustand der internationalen Beziehungen nur die Verschärfung der inneren und äußeren Widersprüche des Kapitalismus widerspiegele: »Alle Arbeiten des sechsten Kongresses der KI geschahen im Zeichen der Vorbereitung der KI auf neue Klassenschlachten.«

Unmittelbar bewahrheitete sich das im Orient: In Indochina, auf den Philippinen, in Korea, in Syrien und in Algerien bildeten sich junge KPen, während die »sowjetische Revolution« in China heranreifte.

Die KPen der kapitalistischen Länder im Westen konnten ihrerseits mit Recht glauben, daß auch hier die Bedingungen für einen neuen revolutionären Aufschwung heranreiften: So übertrugen sie ihr Vertrauen in die »Radikalisierung der Massen« auf die Innenpolitik und nahmen eine ultrasektiererische Haltung an, die von der Formel »Klasse gegen Klasse« bestimmt wurde.

Das hieß zwar nicht, daß sie das Schlagwort von der Einheitsfront aufgegeben hätten; allein seine Handhabung änderte seinen Inhalt. Während sie 1921 von dem Gedanken ausgegangen war, daß, um der Gegenoffensive des Kapitals entgegenzutreten, eine proletarische Einheitsfront wiederhergestellt werden müsse, hatte die KI schon 1921 präzisiert, daß es sich hier nur um eine Form des politischen Bündnisses handeln dürfe und jeder Kompromiß auf der ideologischen Ebene ausgeschlossen sei. 1928 war schließlich einfach eine Technik der Darstellung kommunistischer Politik gegen »alle Fraktionen der Bourgeoisie«, unter ihnen die Sozialdemokratie, daraus geworden; die Qualität von Arbeiterparteien wurde von nun an den sozialistischen Parteien abgesprochen, die als »sozialfaschistisch« bezeichnet wurden; die Einheitsfront war zur »Einheitsfront an der Basis« geworden, die dazu dienen sollte, »die sozialdemokratischen Arbeiter, die sich guten Glaubens irren, von den sozialdemokratischen Führern, den verbrecherischen Dienern der Imperialisten«, zu trennen.

Die Taktik »Klasse gegen Klasse« wurde zum ersten Mal von der KPF bei Gelegenheit der Wahlen zur Nationalversammlung im Jahre 1928 erprobt. Nach einer Vorlage des Präsidiums der KI vom April 1927 verabschiedete das Zentralkomitee der KPF einen *Offenen Brief an die Parteimitglieder:*

»Für den Fall, daß die sozialistische Partei den Vorschlag eines *Arbeiter- und Bauern-Blocks* zurückweisen sollte, behält sich die kommunistische Partei die Aufstellung eines proletarischen Kandidaten gegen alle sozialistischen Chefs vor, die einen konterrevolutionären Zweck erfüllen und sich als Verteidiger der bürgerlichen Demokratie gegen den Kommunismus erklären.«

Nun war es freilich von vornherein sicher, daß die Sozialisten den Vorschlag zurückweisen würden, da das Minimalprogramm, auf dem die Kommunisten den Arbeiter- und Bauern-Block begründen wollten, den sie dem Block der Linken entgegenstellen wollten, unter anderen Punkten auch den folgenden enthielt: »Verteidigung der UdSSR gegen jeden imperialistischen Angriff.« Die von Léon Blum geführten Sozialisten konnten ein Programm nicht billigen, das in Sachen der Außenpolitik vorsah, daß sie ihre eigene Haltung gegenüber den Interessen des »sowjetischen Vaterlandes« zurückstellen müßten.

Sozialisten und Kommunisten marschierten getrennt in die Schlacht, im ersten wie im zweiten Wahlgang. Dabei verloren die Kommunisten elf Sitze, die Sozialisten jedoch etwa fünfzig. Dies Ergebnis liege in der Logik der Dinge, erklärte der Delegierte der Internationale auf der nationalen Konferenz der KPF am 31. Januar 1928:

»Die Kollaboration der Sozialdemokratie mit der Bourgeoisie ist ein grundlegendes Faktum, das wir in unserer gesamten Politik herausstellen müssen ... Es müssen Vorbereitungen getroffen werden, um die kommunistische Partei als die einzige Partei der Arbeiterklasse erscheinen zu lassen.«

Am rigidesten jedoch wurde die Taktik »Klasse gegen Klasse«

in Deutschland in die Tat umgesetzt. Im Gefolge der Weltwirtschaftskrise, die im Oktober 1929 ausgebrochen war, kam zu der immer latenten nationalen Krise eine schwere soziale Krise und bestimmte eine beschleunigte Polarisierung der extremen politischen Kräfte:

	Stimmen für die Nationalsozialisten	Stimmen für die Kommunisten
1928	810 000	3 265 000
September 30	6 409 600	4 592 000
März 32	11 339 446	4 983 341
April 32	13 418 547	3 706 759
Juli 32	13 754 000	5 866 000
November 32		5 972 702

Die Steigerung der Wahlerfolge nun, wie übrigens auch das Anwachsen der Mitgliederzahl, führte die KPD in voller Übereinstimmung mit der KI zu drei Schlußfolgerungen:

1. Die »dritte Periode« gipfelt in einer neuen Welle von Bürgerkriegen und Revolutionen. Die Kommunisten müssen also auf die Wirtschaftskrise ebenso wie auf einen imperialistischen Krieg reagieren, das heißt durch die direkte Vorbereitung der proletarischen Revolution. Die Revolution kann unter diesen Bedingungen schon beim ersten Angriff triumphieren – weshalb der Gewaltstreich, der im Mai 1929 in Berlin versucht wurde, theoretisch gerechtfertigt war – oder zumindest nach einem kurzen Intervall erfolgreich sein, währenddessen die Bourgeoisie vergeblich eine eigene – faschistische – Lösung für ihre Schwierigkeiten suchen würde: »Die Wahlergebnisse der letzten drei Jahre bezeugen eine revolutionäre Wendung, die in der Arbeiterklasse zugunsten der deutschen KP stattgefunden hat«, schrieb Pjatnitzki, Sekretär der KI, in seiner Broschüre *Die Weltwirtschaftskrise, der revolutionäre Aufschwung und die Aufgabe der Sektionen der KI,* die Anfang 1933 erschien.

2. Steht erst einmal der Kampf für die Einrichtung der Diktatur des Proletariats auf der Tagesordnung, wird die Situation erst einmal als günstig für die revolutionäre Offensive beurteilt, so müssen alle feindlichen Kräfte en bloc gesehen werden, als Block der Bourgeoisie. Es ist nicht nur ein Irrtum, sondern ein konterrevolutionäres Verbrechen, eine Unterscheidung zwischen der klassischen Re-

aktion, die Hindenburgs Regime verkörpert, und dem Faschismus einzuführen; die Analyse des Klassencharakters des Faschismus, der aus der sozialen Zusammensetzung der nationalsozialistischen Bewegung weder hervorgeht noch mit ihr zu identifizieren ist, beweist unwiderleglich, daß der Faschismus einzig und allein eine Form der Diktatur der Bourgeoisie ist.

3. Die Sozialdemokratie, die den Nutzen eines rein proletarischen Kampfes für die Überwindung der Bourgeoisie verneint und im Gegenteil der Ansicht ist, die faschistische Gefahr erfordere eine Blockbildung der Arbeiterklasse mit der »demokratischen« Fraktion der Bourgeoisie, stellt das hauptsächliche Hindernis für den Übergang großer Arbeitermassen zur revolutionären Einstellung dar. Daraus geht hervor, daß der politische, ideologische und organisatorische Kampf gegen die Sozialdemokratie, um die sozialistischen Arbeiter ihrem Einfluß zu entreißen und unter der Leitung der kommunistischen Partei die Einheitsfront der kommunistischen und sozialistischen Arbeiter zu organisieren, die unerläßliche Voraussetzung für einen Sieg über die Bourgeoisie und den Faschismus ist:

»Die KI und alle ihre Sektionen«, erklärte wiederum Pjatnitzki, »werden Sorge tragen, die Sozialdemokraten und die Gewerkschaftsbürokraten daran zu hindern, ein zweites Mal die Bourgeoisie vor der proletarischen Revolution zu retten.«

Es war letztlich nicht übertrieben, die Sozialdemokraten wegen des Blocks, den sie mit einer Fraktion der Bourgeoisie bilden wollten, zu bewußten Komplizen des Faschismus zu machen: »Die Faschisierung der Sozialdemokratie läuft in einem beschleunigten Rhythmus ab«, erklärte Kuusinen in seinem *Bericht für das XIII. Plenum der KI* (Dezember 1933).

Der internationale Kommunismus hielt diese Formulierung seiner Analysen bis zu Ende aufrecht, das heißt bis nach Hitlers Machtergreifung. Thälman schrieb noch nach dem 30. Januar (Internationale Correspondenz, 1. Februar 1933): »Der 22. Januar lief unter dem Zeichen eines Wendepunktes der Klassenkräfte zugunsten der proletarischen Revolution ab«; und eine 1934 vom Exekutivkomitee der KI herausgegebene Broschüre, *Der Weg der KI,* bekräftigte:

»Der Weg, den die deutsche Sozialdemokratie während der letzten fünfzehn Jahre durchlaufen hat, ist ein Weg, der von der blutigen Unterdrückung der proletarischen Revolution von 1918, über eine ununterbrochene Reihe von Akten des Verrats und der Sabotage bei Streiks, über alle Koalitionsregierungen, über die grausamste polizeiliche Repression gegen revolutionäre Arbeiter, über die Wahl Hindenburgs im Namen des »kleineren Übels« bis zu diensteifrigen Angeboten zur offenen Kollaboration mit den faschistischen Banden verläuft.«

Die Wendung zur Vierten Internationale

Es ist eines der eindeutigsten Verdienste Trotzkis, sehr früh die wahnsinnige Politik der KI als zu einem großen Teil für die deutsche Katastrophe verantwortlich gesehen und angeprangert zu haben. Der »Prophet im Exil« gewann daraus die Überzeugung, daß es unmöglich sei, die internationale kommunistische Bewegung von innen her zu erneuern.

Seit seiner Ankunft in der Türkei war er in eine Korrespondenz mit all jenen, Gruppierungen oder Einzelpersonen, eingetreten, die sich im Rahmen der Dritten Internationale in Opposition zu Stalins Politik befanden. In fast allen nichtrussischen KPen waren trotzkistische Gruppen in Erscheinung getreten, sei es als Reaktion auf Stalins Führung der eigentlich sowjetischen Angelegenheiten, sei es als Antwort auf die Direktiven, die das Exekutivkomitee der KI ausgab. In Frankreich gab eine solche Gruppe seit dem September 1929 eine Zeitung, *La Vérité* (Die Wahrheit), heraus; sie nahm 1930 den Namen »Kommunistische Liga« an. Im April 1930 trat in Paris die erste *Internationale Konferenz der Bolschewisten-Leninisten* zusammen.

Diese Opposition wurde von drei Problemen bewegt:

1. *Die Verteidigung der Sowjetunion.* Trotzki verteidigte die Formel: »Immer für die Sowjetunion! Niemals für Stalins Kurs!« Dadurch und auf äußerst klare Weise bekräftigte er die Möglichkeit, Stalins Politik von der revolutionären Aufgabe zu trennen, für die Erhaltung des ersten Arbeiterstaates zu kämpfen.

2. *Die Einheitsfront in Deutschland.* Die Linksopposition verurteilte Stalins These von der Transformation des Sozialdemokratismus in einen Sozialfaschismus. Trotzi bekämpfte, besonders in seinem *Brief an den deutschen kommunistischen Arbeiter,* die seiner Ansicht nach absurde Idee, daß der Faschismus erst besiegt werden

könne, wenn die Sozialkdemokratie besiegt sei. Ebenso bestritt er, daß sich kein Unterschied zwischen dem »demokratischen« und dem faschistischen Flügel der Bourgeoisie machen lasse. Er schrieb an einen sozialistischen Vorkämpfer, daß er in diesem entscheidenden Punkt mit der sozialdemokratischen Analyse übereinstimme:

»Alle sehen ein, daß unter den gegenwärtigen Bedingungen eine ›starke Macht‹ notwendig ist. Zwingen Sie also Ihre Partei zu einem wirklichen Kampf um einen starken demokratischen Staat ... Wir werden in einem Kampf um eine solche Regierung aufrichtig helfen. Überdies werden wir dafür einstehen, keine revolutionären Aktivitäten anzugehen, die die Grenzen der Demokratie überschreiten.«

3. *Die Dritte Internationale.* Trotzki, obwohl aus der KI ausgeschlossen, weigerte sich lange, sich für etwas anderes zu halten als den Chef einer Fraktion, die »für die Erneuerung der KI und ihrer Sektionen« kämpfe. Viele seiner Anhänger waren im Gegenteil von der Vergeblichkeit eines internen Kampfes überzeugt und drängten ihn, eine neue Internationale zu gründen.

Hitlers Machtergreifung ließ Trotzkis Entscheidung in dieser Richtung reifen. Das *Internationale Plenum* der bolschewistisch-leninistischen Opposition beschloß im August 1933 fast einstimmig, den Aufbau einer neuen Internationale und neuer revolutionärer Parteien in Angriff zu nehmen. Um diese Ausrichtung zu konkretisieren, wurde der Name »Linksopposition« durch *Internationale Kommunistische Liga (Bolschewisten-Leninisten)* ersetzt. Obwohl das Plenum die russische bolschewistische Partei verurteilte, hielt es daran fest, daß der Sowjetstaat ein proletarischer Staat sei. Erst 1935 wurde auch der Staat als »degeneriert« betrachtet.

VII. Volksfronten (1934–1938)

Die deutsche Katastrophe mußte die sozialistische Welt bis in ihre Grundlagen erschüttern. Eine Welt, die kurz zuvor noch siegreich erschienen war: Als sich 1928 die Träger des Weltkommunismus versammelten, kamen 515 Repräsentanten von 57 KPen nach Moskau; und als sich im selben Jahr die Träger der Sozialdemokratie versammelten, waren unter ihnen Männer, die Regierungschefs großer europäischer Nationen gewesen waren, gerade waren oder werden sollten: Léon Blum für Frankreich, Hjalmar Branting für Schweden, Ramsay MacDonald für Großbritannien, Vandervelde und Spaak für Belgien.

Die Sozialistische Internationale und der Faschismus

Hatte Vandervelde beim Brüsseler Kongreß (1929) den Faschismus noch als ein politisches Charakteristikum angesehen, das den unterentwickelten Ländern Südosteuropas eigen sei, so näherte sich Otto Bauer beim Wiener Kongreß (Juli/August 1931), wenn er ihn als »von der gewalttätigen deutschen Schwerindustrie gelenkt und von den Kammerdienern der Reaktion geführt« bezeichnete, der Definition der Kommunisten von der »terroristischen Diktatur des Großkapitals«.

Doch die Annäherung war nur theoretisch. Die Praxis, insbesondere in Deutschland, brachte den unüberbrückbaren Charakter der Spaltung zwischen den Arbeiterkräften ans Licht, und die Sozialistische Internationale zerbrach am Faschismus wie die Zweite Internationale am Krieg zerbrochen war. Die Sozialistische Konferenz, die im August 1933 in Paris einberufen wurde und als einzigen Tagesordnungspunkt »Die Strategie und Taktik der Arbeiterbewegung während der Periode der faschistischen Offensive« behandelte, sollte die einzigartige Verwirrung bezeugen, in der sich einmal mehr die Sozialisten in drei verschiedene Tendenzen aufspalteten.

Auf der linken Seite propagierten Adler, Pietro Nenni, Robert Grimm, Zyromski und Paul-Henri Spaak eine »revolutionäre Taktik«, die der Komintern recht nahestand: Es sei notwendig, daß der proletarische Kampf um die Eroberung der Macht und die Herstellung der Diktatur des Proletariats die Faschisten rasch überwältige, ohne den Block von Reaktion und Faschismus zu fürchten. Auf der rechten Seite, unter dem Hirtenstab der englischen Sozialisten, propagierten die skandinavischen, tschechischen und polnischen Sozialisten im Gegenteil einen vollständigen Bruch mit kommunistischen Thesen und Organisationen: Keineswegs solle man die Reaktion in den Faschismus treiben, sondern es sei nötig, einen offenen Sozialismus vorzuschlagen, der der wirtschaftlichen Entwicklung angepaßt und auch für die mittleren Klassen verlockend sei, so daß er dazu beitragen werde, die demokratische

Panzerung der Nationen zu stärken statt sie zu untergraben. Im Zentrum schließlich blieben Adler, Léon Blum und Vandervelde der traditionellen Linie des marxistischen Radikalismus treu und bestanden auf der Notwendigkeit, daß der Sozialismus sein eigenes proletarisches und revolutionäres Gesicht bewahren und sich zugleich vom Bolschewismus unterscheiden müsse: Eine Aktionseinheit mit den Kommunisten auf dem begrenzten Gebiet des Antifaschismus könne unter der Bedingung ins Auge gefaßt werden, daß jene ihre Angriffe gegen den »Sozialfaschismus« einstellen würden. Insgesamt fanden die sozialistischen Chefs als ohnmächtige Theoretiker keinen Ausweg zwischen der faschistischen Scylla und der kommunistischen Charybdis.

Der VII. Kongreß der KI und die Volksfronten

In den Monaten nach Hitlers Machtergreifung konzentrierte die kommunistische Bewegung weiterhin ihre Angriffe im wesentlichen auf die Sozialdemokratie.

Indessen erreichte die Sowjetunion eine Wendung in ihrer Außenpolitik, die sie seit Anfang der 30er Jahre vorgezeichnet hatte: Schon 1932 hatte sie eine Politik der »internationalen Präsenz« begonnen und eine Reihe von Nichtangriffspakten mit den benachbarten Ländern geschlossen; sie hatte sich von mehreren Staaten, darunter den USA, de jure anerkennen lassen, trat 1934 in den Völkerbund ein und schloß im Mai 1935 einen Beistandspakt mit Frankreich. Der Nichtangriffspakt, den Hitler im Januar 1934 mit Polen abschloß, überzeugte Stalin davon, daß es mit der »Rapallo-Politik« vorbei sei und daß er sich dringend der anderen imperialistischen Gruppe, den Demokratien, annähern müsse.

Zur gleichen Zeit mußte die Komintern eine radikale Wandlung ihrer Haltung gegenüber der bürgerlichen Demokratie vornehmen. Als der Vorbereitungsausschuß des siebten Weltkongresses am 14. Juni 1934 tagte, um dessen Einberufung vorzubereiten, »brachte der Repräsentant der (bolschewistischen) KP, D. Manuilski, den Gedanken zum Ausdruck, daß die Losung vom unmittelbar bevorstehenden Kampf um die Diktatur des Proletariats nicht den gesamten Bedingungen in zahlreichen kapitalistischen Ländern entspreche. Der Sozialismus bleibe das endgültige Ziel der Bewegung.

... ›Wir sind aber verpflichtet, ein konkreteres Kampfprogramm zu haben: Nicht die Diktatur des Proletariats, nicht der Sozialismus, sondern das, was die Massen in den Kampf für die Diktatur des Proletariats und den Sozialismus führt!‹«

Nach dem doppelten Bündnis mit der nationalen und demokratischen Politik, das die Sozialisten immer hervorgekehrt hatten, blieb den Kommunisten nichts anderes übrig, als ihre alte Taktik gegenüber der Sozialdemokratie aufzugeben: »Die Vorschläge zur Bildung von Einheitsfronten müssen derart ausgearbeitet werden, daß der Gehalt eines Kampfes gegen das Kapital zwar unbestreitbar ist, daß sie jedoch annehmbar für jene sind, an die sie sich richten.« (Juli 1934)

Daraus sollten sehr rasch, schon im August 1934, Direktiven für eine neue Politik im Rahmen der gewerkschaftlichen Einheit, der Beziehungen zu den kleinbürgerlichen und bäuerlichen Parteien und Organisationen, der organischen Einheit zwischen sozialistischen und kommunistischen Parteien abgeleitet werden. Offiziell und öffentlich wurde diese Politik durch den siebten Kongreß der Komintern im August 1935, wo der theoretische und politische Charakter künftiger Volksfronten mit Hilfe von Elementen vorgezeichnet wurde, die insbesondere der schon vorhandenen französischen Praxis entnommen wurden.

Dimitrow erklärte: »Es ist das Verdienst der französischen KP und des französischen Proletariats, daß sie durch die Praxis ihres Kampfes in der proletarischen Einheitsfront gegen den Faschismus dabei geholfen haben, die Entscheidungen unseres Kongresses vorzubereiten, der von gewaltiger Wichtigkeit für die Arbeiter aller Länder ist.«

VIII. Der Krieg

Der deutsch-sowjetische Pakt

Der Pakt vom 23. August 1939 wurde von den Kommunisten als ein gelungenes Beispiel für die Ausbeutung der Widersprüche zwischen imperialistischen Mächten gerechtfertigt. Nach dem *Appell des Exekutivkomitees der KI* bei Gelegenheit des 22. Jahrestags der Oktoberrevolution hatte er

– die Kette der Komplizität zwischen den kapitalistischen Staaten zerbrochen, die jederzeit bereit gewesen wären, sich zur Zerstörung der Sowjetunion zu verbünden: »Die Sowjetunion hat, indem sie den Nichtangriffspakt mit Deutschland unterzeichnete, die Pläne der böswilligsten Provokateure eines antisowjetischen Krieges vereitelt.«

– während das solcherart bewahrte Land des Sozialismus seine Kräfte stärken konnte: »Das sowjetische Volk, das im Begriff ist, die sozialistische klassenlose Gesellschaft aufzubauen, geht dem Kommunismus entgegen ... Das Leben der Völker der Sowjetunion erstarkt in Glück und Freude ... Die militärische Macht des Landes des Sozialismus wächst unaufhaltsam. Immer undurchdringlicher werden die Grenzen der sowjetischen Erde.«

– und während es erfolgreich daran arbeitete, »das Ausmaß des europäischen militärischen Brandes zu begrenzen«: »Und während der polnische Staat, dies wahrhafte Gefängnis der Völker, zerfallen ist, hat die Sowjetunion ihren Freunden in der Ukraine und in Weißrußland eine hilfreiche Hand gereicht ... Durch die Beistandsverträge, die sie mit Estland, Lettland und Litauen geschlossen hat, hat die UdSSR die Verteidigung dieser Länder gegen die annexionistischen Absichten der imperialistischen Staaten gesichert ... Indem sie sich für die Beendigung des Krieges eingesetzt hat, indem sie einen Pakt der Freundschaft und der Anerkennung der Grenzen mit Deutschland unterzeichnet hat, hat die Sowjetunion einen neuen Beitrag zur Sache des Friedens geleistet: Sie hat die Kriegsprovokateure daran gehindert, die Donau- und Balkanstaaten in einen Krieg hineinzuziehen, und die Pläne jener vereitelt, die den europäischen Krieg in einen Weltkrieg verwandeln wollen.«

Der beginnende Krieg war mithin ein *»ungerechter, reaktionärer und imperialistischer Krieg«*, er war die »Verlängerung von langjähriger imperialistischer Rivalität im Lager des Kapitalismus«: »Die Bourgeoisie hat diesen Krieg ausgelöst, weil sie sich in unlösbare Widersprüche des kapitalistischen Systems verstrickt hat und nun versucht, diese Widersprüche mittels neuer Kriege zu durchschneiden.«

So definiert war der Krieg von 1939 cine genaue Wiederholung dessen von 1914. Infolgedessen sollte »die Arbeiterklasse einen solchen Krieg nicht unterstützen«, und die kommunistischen Parteien sollten die Leninsche Doktrin des »revolutionären Defätismus« anwenden: »Nieder mit dem imperialistischen Krieg! Nieder mit der kapitalistischen Reaktion! Nieder mit den Anstiftern, Spekulanten und Gewinnlern des Krieges! Keine Unterstützung für die Politik der herrschenden Klassen, die das imperialistische Gemetzel verlängert und schürt! Fordert die augenblickliche Beendigung des räuberischen, ungerechten, imperialistischen Krieges! Friede den Völkern! Brot, Rechte und Freiheiten den Arbeitern! Es lebe die brüderliche Einheit der Proletarier der ganzen Welt! Es lebe die UdSSR, die Festung des Friedens, der Freiheit und des Sozialismus, das Vaterland der Arbeiter aller Länder!« Mit diesen Losungen wurden die Kommunisten angehalten, keinen Unterschied nicht nur zwischen Verbündeten und Feinden, sondern auch zwischen Demokratie und Faschismus zu beachten und gegen die Kriegsregierung ihres eigenen Landes zu agitieren.

In Anbetracht des Umstandes, daß nur noch geringe kommunistische Kräfte in Hitler-Deutschland vorhanden waren und die sowjetische Diplomatie in ihren Beziehungen zu Berlin nicht kompromittiert werden sollte, richtete sich der *Appell* der KI praktisch vor allem gegen den englischen und französischen Imperialismus. Der Name Hitler wurde nicht ausgesprochen, aber Blum wurde viermal verurteilt. Von der deutschen Bourgeoisie war keine Rede, aber mehrere lange Paragraphen waren der Bourgeoisie Frankreichs, Englands und der Vereinigten Staaten gewidmet. Nichts über die nationalsozialistische Diktatur, aber die Demokratie war »demaskiert«: »Nicht für die Freiheit der Völker führen sie (die Demokraten) Krieg, sondern für ihre Versklavung. Nicht um die Demokratie vor dem Faschismus zu retten, sondern für den Triumph der Reaktion. Nicht für den sozialen Frieden, sondern für neue imperialistische Eroberungen, die neue Kriege gebären werden.«

Die gleiche Tendenz hatte der Artikel von Dimitrow, dem Generalsekretär der KI, *Der Krieg und die Arbeiterklasse der kapitalistischen Länder,* der im Oktober 1939 erschien, und der *Appell der KI* bei Gelegenheit des 1. Mai 1940. Erst 1946 sollte Stalin die Interpretation der kommunistischen Haltung während der ersten achtzehn Monate des Weltkriegs ändern: »Der zweite Weltkrieg gegen die Achsenmächte hatte im Unterschied vom ersten Weltkrieg *von Anfang an* den Charakter eines *antifaschistischen Befreiungskrieges,* unter dessen Aufgaben auch die Wiederherstellung der demokratischen Freiheiten war. Der Eintritt der Sowjetunion in den Krieg gegen die Achsenmächte konnte den antifaschistischen und freiheitlichen Charakter des Zweiten Weltkriegs nur *verstärken* und hat ihn auch verstärkt.«

Die Auflösung der Komintern

Trotzki hatte 1930 vorhergesagt, daß Stalins Politik zur Liquidierung der Komintern führen werde. Am 22. Mai 1943 bestätigte eine lange Resolution des Präsidiums der KI diese Vorhersage. Die Unterzeichner waren außer den Präsidiumsmitgliedern die Repräsentanten der italienischen, der spanischen, der finnischen, der rumänischen und der ungarischen KP, die alle in der Sowjetunion lebten. Die Parteien Großbritanniens, Chinas, Jugoslawiens, Griechenlands und Polens waren nicht namentlich vertreten. Unter den russischen Unterzeichnern schließlich war der Name Stalins nicht zu finden, vielleicht um es ihm zu ersparen, seinen berühmten Schwur von 1924 allzu offen zu brechen: »Als er uns verließ, hat der Genosse Lenin uns zur Treue gegenüber den Prinzipien der kommunistischen Internationale verpflichtet. Wir schwören dir, Genosse Lenin, daß wir nicht unser Leben schonen werden, um die Einheit der Arbeiter aller Länder, die kommunistische Internationale, zu festigen und zu verbreitern!«

Doch in einem Interview, das Stalin dem Chefkorrespondenten der Agentur Reuter in Moskau gab, entwickelte er, um das Ereignis zu begründen, vier Argumente:

»a) Die Auflösung setzt der Lüge ein Ende, Moskau wolle sich in die inneren Angelegenheiten anderer Länder einmischen und sie ›bolschewisieren‹; mit dieser Lüge ist es vorbei.

b) Sie setzt den Feinden des Kommunismus und der Arbeiterbewegung ein Ende, die unterstellen, die kommunistischen Parteien der verschiedenen Länder würden nicht im Interesse ihrer eigenen Völker handeln, sondern ausländischen Losungen folgen.

c) Die Auflösung wird den Patrioten der freiheitsdurstigen Nationen ermöglichen, alle fortschrittlichen Kräfte ihrer jeweiligen Länder zu vereinen, welcher politischen Anschauungen oder religiösen Überzeugungen sie auch immer sein mögen, um eine gemeinsame Front der nationalen Befreiung mit dem Ziel einer Ausdehnung des Kampfs gegen den Faschismus zu schmieden.

d) Sie wird es den Patrioten aller Länder ermöglichen, alle freiheitsdurstigen Völker in einer internationalen Front gegen die hitlersche Bedrohung mit weltweiter Hegemonie zu vereinen und so die ersten Richtlinien für die zukünftige Zusammenarbeit aller Nationen auf der Grundlage der Gleichheit aufzustellen.«

Sicherlich verschwanden die Dienste der Komintern nicht wie durch Zauberei. Die Auflösung der Komintern jedoch war wirksam. Ihre Schule zum Beispiel wurde geschlossen, und die Schüler wurden nach Moskau geschickt und den Nationalkomitees ihrer Ursprungsländer zugeordnet. Wenn die Komintern nun nicht mehr existierte, waren freilich deswegen ihre Funktionen keineswegs abgeschafft, sondern nur verschoben: Statt von einem autonomen Organ ausgeübt zu werden, wie es das Büro der KI de jure gewesen war, lagen sie nun in der Zuständigkeit einer Abteilung des Zentralkomitees der sowjetischen Partei. Damit war die Situation wiederhergestellt, die vor der Gründung der KI im Jahre 1918 und Anfang 1919 bestanden hatte, als die internationale revolutionäre Aktivität ebenfalls in Moskau unter der Leitung der Auslandssektion der bolschewistischen KP von den nach ihren Nationalitäten gruppierten Funktionären gelenkt wurde.

In diesem Licht betrachtet, erschien die Auflösung der Komintern gemäß der offiziellen These als eine Maßnahme der durch die Umstände bedingten Anpassung an die neuen, mit dem Krieg eingetretenen Bedingungen. Einerseits bot diese Auflösung auf der politischen Ebene zwei beträchtliche unmittelbare Vorteile: Sie sollte vertrauensvollere Beziehungen zwischen der UdSSR und ihren Verbündeten herstellen, und sie sollte die Beziehungen zwischen den Kommunisten und den anderen Parteien im Innern jedes Landes erleichtern. Kurz, sie lag auf der Linie einer Strategie der nationalen Einigung, die die Kommunisten überall veranlaßte, die antifaschistische patriotische Einheit zu betonen. Auf der strukturellen Ebene andererseits entfernte sie jede Vermittlungsinstanz zwischen der bolschewistischen kommunistischen Partei und den Führern der wichtigsten nationalen Sektionen und brachte so das sowjetische *Politbüro* in die Lage, alle Umschwünge aus nächster Nähe zu verfolgen, die zur Machtübernahme in den dem sowjetischen Einfluß überlassenen Ländern führen sollten.

Schließlich verwandelte sich diese Maßnahme der vorübergehenden Anpassung im Laufe der Jahre in eine endgültige Maßnahme.

Letztendlich hat die Dritte Internationale die Probe des Zweiten Weltkriegs nicht besser überstanden als die Erste Internationale den Krieg von 1870 und die Zweite den August 1914.

IX. Die Struktur der Kommunistischen Internationale

Quantitative Gegebenheiten

Für die ersten beiden Kongresse der KI bleibt es schwierig, eine sichere Zahl der zur Komintern gehörigen nationalen Sektionen anzugeben: Die kommunistischen Parteien lösen sich in einem komplexen Prozeß von Spaltungen und Neugruppierungen vom Nährboden der Revolution ab, der unablässig die Konfiguration und Konsistenz des kommunistischen Flügels der sozialistischen und Arbeiterbewegung verändert. Dennoch läßt sich festhalten, daß die KPen sich zu drei Zeitpunkten stark vermehrten, im Sommer und Herbst 1918, im Frühling und Sommer 1919, im Winter 1920/21. Es gab also ganz allgemein für die KPen, in Europa wie in Asien und in beiden Amerikas, eine Zeit der Geburt, eine kurze Zeit der Hochkonjunktur unmittelbar nach dem Ersten Weltkrieg; danach fanden nur noch selten – meist in weniger wichtigen oder peripher gelegenen Ländern – Gründungen neuer KPen statt: In Europa zum Beispiel wurden nur die KPen Irlands und Islands erst in den 30er Jahren gegründet; in Lateinamerika entstanden die kleinen KPen von Ecuador und Bolivien 1926, die Partei Perus 1928, die Parteien von Panama, El Salvador, Columbia, Costa-Rica und Haiti 1930, die KP von Venezuela 1931 und die von Puerto-Rico 1934. Zu Beginn der 30er Jahre wurden auch erst die KPen des Vorderen Orients endgültig gegründet, in Syrien-Libanon (1930) und dem Irak (1932).

Doch die KI erlangte bald eine von ihren Kongressen unabhängige Existenz; im Unterschied von der Zweiten Internationale hatte sie klare Konturen, da sie souverän über einen Spielraum verfügen konnte, innerhalb dessen sie ihr Signet den Organisationen, die es wünschten, zuteilen konnte oder nicht, die Gruppen, die sich kommunistisch nannten, anerkennen konnte oder nicht, Verbindungen engerer oder gelockerterer Art mit Parteien oder Bewegungen herstellen konnte, die sie im Innern, an der Peripherie oder in der unmittelbaren Nachbarschaft ihres eigenen politischen Raums ansiedeln konnte.

Für den sechsten Weltkongreß (1928) gibt der Bericht der Mandatskommission an, daß von 66 eingeladenen Parteien und Organisationen (davon 57 stimmberechtigt und 9 mit beratender Stimme) 58 Parteien und Organisationen vertreten waren (davon 52 stimmberechtigt und 6 mit beratender Stimme).

Der Bericht der Informationssektion des Exekutivkomitees der KI stellt 1935 fest, daß sie mit 52 Ländern in kontinuierlicher Verbindung steht (davon 26 in Europa, 8 in Amerika, 8 im Vorderen Orient, 6 im Fernen Osten), aber der Bericht, den Wilhelm Pieck auf dem siebten Weltkongreß (1935) über die Tätigkeit des Exekutivkomitees der KI vorlegt, erwähnt die Existenz von 67 Sektionen in kapitalistischen Ländern. Von diesen übten nur 22, davon 11 in Europa, ihre Tätigkeit in einem legalen oder halblegalen Rahmen aus, während 45, davon 15 in Europa, zum Leben in strengster Illegalität gezwungen waren. Es läßt sich denken, daß etwa 15 von diesen Parteien nur eine schwache Konsistenz hatten.

Trotz des Überflusses an statistischem Material, das die Komintern im Laufe ihrer Existenz publiziert hat, ist es nicht leicht, die Kurve der Anhängerzahlen des Kommunismus zwischen 1919 und 1943 aufzustellen. Zunächst besteht nie die Gewißheit, daß die Zahlen, die bei Gelegenheit eines Plenums der Exekutive oder eines Weltkongresses zur Verfügung gestellt wurden, nicht Gegenstand von Manipulationen aufgrund von inneren oder äußeren politischen Zwängen waren, sei's von seiten der Internationale, sei's von seiten ihrer Sektionen. Dann bleibt immer eine Grauzone der im Untergrund agierenden Parteien oder, im Falle legaler Parteien, der illegalen Organisationen in ihrem Innern, die auf gewisse nichtöffentliche Sonderaufgaben spezialisiert waren (wie etwa die Propaganda in der Armee). Schließlich bewirkt die für die Existenzweise und das Wachstum der kommunistischen Parteien charakteristische Fluktuation der Mitgliederzahlen, daß jede Bilanz nur für eben den Zeitpunkt gültig ist, zu dem sie aufgestellt wurde. Die Unterschiede können tatsächlich von einem zum andern Jahr gewaltig sein: So zählte zum Beispiel nach Pjatnitzki vor dem 11. Plenum der Exekutive (April 1931) die KPD Ende 1928 124 511 Mitglieder und registrierte während des Jahres 1929 50 000 Beitritte, was zu einer Mitgliederzahl von 174 511 im Dezember 1929 hätte führen müssen; in Wirklichkeit betrug die Zahl jedoch nur 135 160, da gleichzeitig 39 000 Austritte zu verzeichnen gewesen waren. Und 1930 hätten 143 056 Beitritte die deutsche Partei im Dezember auf einen Mitgliederstand von 278 216 gebracht, wenn er nicht durch 95 399 Austritte auf 172 817 herabgesetzt worden wäre. Diese Unterschiede sind sogar von einem Monat zum andern noch deutlicher; nach dem selben Pjatnitzki zählte dieselbe deutsche Partei

98 527	Mitglieder im Oktober 1929
113 487	Mitglieder im November 1929
135 160	Mitglieder im Dezember 1929
133 000	Mitglieder im Januar 1930

Trotz dieser Vorbehalte und obwohl die Zahlen nur eine ungefähre Größenordnung angeben, dürfte es nicht unnütz sein, allein mit Hilfe kommunistischer Quellen eine Übersicht der Gesamtmitgliederzahlen der KI (mit Ausnahme der KP der UdSSR) zwischen 1921 und 1939 aufzustellen:

1921	887 745 Mitglieder
1922	779 102 Mitglieder
1924	648 090 Mitglieder
1928	445 300 Mitglieder
1931	328 716 Mitglieder
1932	913 000 Mitglieder
1934	860 000 Mitglieder
1935	785 000 Mitglieder
1939	1 200 000 Mitglieder

Diese Mitgliederzahlen schwanken also zwischen 328 716 (niedrigster Stand im Jahre 1931) und 1 200 000 (höchster Stand im Jahre 1939). Die Kurve der Mitgliederzahlen folgt, mit gewissen Verzögerungen, die mit dem Faktum zusammenhängen, daß die gehäuften Parteibeitritte die revolutionären Episoden nicht ankündigen, sondern ihnen folgen, der allgemeinen Kurve der revolutionären Spannung zwischen den beiden Weltkriegen: Eine Senkung zwischen 1921 und 1935 und eine Veränderung der Lage ab 1935, wobei der Anstieg von 1932 allein mit den deutschen Angelegenheiten zusammenhängt.

Die geographische Verteilung der kommunistischen Parteimitglieder ist nicht weniger interessant. Zunächst auf der Ebene der Kontinente: Die offizielle Übersicht, die dem fünften Weltkongreß der KI am 7. Juli 1924 vorgelegt wurde, zeigt einen überwältigenden Anteil Europas zu diesem Zeitpunkt:

Europa	656 090 Mitglieder
Amerika	19 500 Mitglieder
Asien	6 350 Mitglieder
Ozeanien	2 250 Mitglieder
Afrika	1 100 Mitglieder

In Europa selbst machen zum selben Zeitpunkt die Mitglieder der vier kommunistischen Parteien von Deutschland, der Tschechoslowakei, Frankreich und Jugoslawien mehr als vier Fünftel der Gesamtsumme aus:

1.	Deutschland	350 000 Mitglieder
2.	Tschechoslowakei	130 000 Mitglieder
3.	Frankreich	50 000 Mitglieder
4.	Jugoslawien	40 000 Mitglieder
5.	Norwegen	16 000 Mitglieder
	Österreich	16 000 Mitglieder
7.	Italien	12 000 Mitglieder
	Schweden	12 000 Mitglieder
9.	Spanien	5 000 Mitglieder
	Polen	5 000 Mitglieder
11.	Schweiz	4 000 Mitglieder
12.	Estland	3 250 Mitglieder
13.	England	3 000 Mitglieder
14.	Rumänien	2 500 Mitglieder
15.	Griechenland	2 200 Mitglieder
16.	Holland	1 700 Mitglieder
17.	Lettland	1 000 Mitglieder
18.	Portugal	700 Mitglieder
	Dänemark	700 Mitglieder
20.	Belgien	590 Mitglieder
21.	Island	450 Mitglieder

Aber die Reihenfolge ändert sich gänzlich, wenn man für jedes Land die kommunistische Dichte berechnet:

1.	Tschechoslowakei	9 Kommunisten /	1 000 Einwohner
2.	Norwegen	5,6 Kommunisten /	1 000 Einwohner
3.	Deutschland	5,3 Kommunisten /	1 000 Einwohner
4.	Jugoslawien	3 Kommunisten /	1 000 Einwohner
5.	Estland	2,8 Kommunisten /	1 000 Einwohner
6.	Österreich	2,3 Kommunisten /	1 000 Einwohner
7.	Schweden	2 Kommunisten /	1 000 Einwohner
8.	Frankreich	1,4 Kommunisten /	1 000 Einwohner
9.	Schweiz	1 Kommunist /	1 000 Einwohner
10.	Lettland	7 Kommunisten /	10 000 Einwohner
11.	Italien	3 Kommunisten /	10 000 Einwohner
	Griechenland	3 Kommunisten /	10 000 Einwohner
13.	Spanien	2,5 Kommunisten /	10 000 Einwohner
14.	Polen	2,2 Kommunisten /	10 000 Einwohner
15.	Holland	2,1 Kommunisten /	10 000 Einwohner
16.	Dänemark	1,9 Kommunisten /	10 000 Einwohner
17.	Rumänien	1,4 Kommunisten /	10 000 Einwohner
18.	Portugal	1,2 Kommunisten /	10 000 Einwohner
19.	England	7 Kommunisten /	100 000 Einwohner
	Belgien	7 Kommunisten /	100 000 Einwohner

Der institutionelle Apparat

Es war die Notwendigkeit eines Generalstabs, der die Angriffsstrategie des revolutionären Proletariats auf globaler Ebene leiten würde, die für Lenin dringend die Gründung der Dritten Internationale forderte. Diese drückte also die radikale Ablehnung des Organisationstyps aus, mit dem die Zweite Internationale eine Versöhnung zwischen dem strategischen Imperativ des Arbeiterinternationalismus und der taktischen Verschiedenheit der nationalen Situationen hatte bewerkstelligen wollen, und zugleich eine Rückkehr zu der Konzeption, die bei der Entstehung der Ersten Internationale maßgeblich gewesen war. Eine Rückkehr, die der Artikel 1 des Status der KI im übrigen ausdrücklich verkündete: »Die *neue IAA* vereint die kommunistischen Parteien in einer *Weltpartei* ... für die Gründung einer *Weltunion der sozialistischen Sowjetrepubliken.*«

Als *Partei* war die KI eine strukturierte und hierarchisierte Institution, deren zentraler Apparat über vier unterschiedene Organe verfügte:

1. Der *Weltkongreß,* »das oberste Organ der KI«, versammelte sich mindestens alle zwei Jahre. Nachdem er die wichtigsten Fragen von Programm, Taktik und Organisation beraten hatte, wählte er die höchsten Funktionäre der internationalen kommunistischen Führung. Die Anzahl der Delegierten, die an jedem Kongreß stimmberechtigt oder auch nur mit beratender Stimme teilnahmen, der prozentuale Anteil von Funktionären der kommunistischen Apparate, sei's der nationalen Apparate oder des internationalen, die Anzahl der anwesenden Generationen nach dem Lebensalter oder nach der Anciennität der kommunistischen Parteizugehörigkeit im Ursprungsland, all dies sind erhellende Hinweise auf die Lage des Weltkommunismus.

So ist auch die Staffelung der Kongresse, fünf in den ersten sechs Jahren, dann nur zwei zwischen 1925 und 1935, ein Symptom unter vielen für den Übergang der leninschen Periode zur stalinschen:

1. Kongreß	2. März	–	6. März	1919
2. Kongreß	19. Juli	–	7. August	1920
3. Kongreß	22. Juni	–	12. Juli	1921
4. Kongreß	5. November	–	5. Dezember	1922
5. Kongreß	17. Juni	–	8. August	1924
6. Kongreß	17. Juli	–	1. September	1928
7. Kongreß	25. Juli	–	21. August	1935

Bekanntlich fand zwischen 1935 und 1943 kein Kongreß mehr statt.

So vermittelt auch die Statistik, die die Teilnahme der Delegierten des sechsten Kongresses an den vorhergehenden Kongressen betrifft, eine Vorstellung von dem Verschleiß der Kader der KI in einem Zeitraum von zehn Jahren. Von den 515 Delegierten

hatten 10 am 1. Kongreß teilgenommen
hatten 37 am 2. Kongreß teilgenommen
hatten 71 am 3. Kongreß teilgenommen
hatten 82 am 4. Kongreß teilgenommen

hatten 110 am 5. Kongreß teilgenommen
278, also 65% der Gesamtzahl, nahmen zum

ersten Mal an einem Weltkongreß teil.

2. *Das Exekutivkomitee* (EKKI): Es »leitet die KI in den Zeiten zwischen den Kongressen«, und in seinem Namen wurden die Organe der Komintern herausgegeben. Es stützte sich auf »Arbeitssektionen« (Information, Agitation und Propaganda – als Agitprop bekannt –, Organisation, Angelegenheiten des Ostens usw.). Es schickte seine Delegierten zu den nationalen Sektionen. Bei seinen monatlichen Sitzungen traf es alle Entscheidungen, insbesondere über Zulassung und Ausschluß. Es wählte aus seiner Mitte:

a) ein *Präsidium,* ein permanentes Organ, das die Arbeit des EKKI in der Zeit zwischen den Sitzungen leitete;
b) ein *Organisationsbüro;*
c) ein *Sekretariat,* das Verwaltungsorgan des EKKI, des Präsidiums und des Organisationsbüros. Im Dezember 1926 verschwanden Organisationsbüro und Sekretariat und wurden durch ein *politisches Sekretariat* ersetzt.

3. Die *Vollversammlung des Exekutivkomitees* (»erweitertes Plenum«). Dies war ein kleiner Kongreß, der die Mitglieder des Exekutivkomitees und die Vertreter der von der Tagesordnung betroffenen nationalen Sektionen versammelte. Im Unterschied zu einem wirklichen Kongreß konnte er jedoch grundsätzlich nicht die leitenden Organe der Internationale erneuern. Dreizehnmal tagte ein Plenum zwischen 1922 und 1933: Wenn die Praxis der Kongresse schon 1925 nach der Errichtung der Stalinschen Macht verschwand, so erhielt sich doch die Einrichtung des Plenums noch einige Jahre.

4. Die *Internationale Kontrollkommission* (IKK) – Sie wurde beim fünften Kongreß geschaffen und war für Disziplin- und Finanzangelegenheiten zuständig.

Versuche der Regionalisierung

In den ersten Jahren nach der Oktoberrevolution, als die Kommunikationsmöglichkeiten zwischen dem einer Blockade unterworfenen Rußland und dem Rest der Welt noch recht begrenzt waren, richtete die KI – in Kiew, Stockholm und Wien – *Büros* ein, die als Schaltstellen für die Zirkulation von Menschen und Informationen dienten. In Amsterdam arbeitete ein *westliches Büro,* das 1920 eine Konferenz der ersten kommunistischen Gruppen und Parteien des Westens einberief. Berlin beherbergte ein *Westeuropäisches Sekretariat* (WEB), das nach Frankreich und Italien, in die Schweiz, in die skandinavischen, die Balkan- und die Donauländer ausstrahlte. Doch schon zu Beginn der 20er Jahre fand sich in diesen Organen eine Gefahr, die jede Dezentralisierung mit sich bringt: Sie neigten dazu, von technischen und administrativen Einrichtungen zu politischen zu werden und sich an die Stelle der in Moskau ansässigen Entscheidungsorgane zu setzen. Daher wurden sie nach und nach aufgelöst.

Die technischen Dienste

Hingegen vermehrten sich die der direkten Kontrolle der Exekutive unterworfenen Spezialdienste: ein Verlag, der die Klassiker des Marxismus und zugleich aktuelle Werke und Broschüren übersetzte, druckte und verbreitete; ein Zeitungsverlag, der in vier Sprachen zunächst die *Kommunistische Internationale,* dann die *Internationale Korrespondenz* (Inprekorr) druckte; Schulungsstätten, die *Komintern-Schulen,* die die Aufgabe hatten, trotz der mit der Vielheit der Nationalitäten und Sprachen verbundenen Schwierigkeiten in sechs Monaten, einem Jahr oder mehr die leitenden Kader jener kommunistischen Parteien auszubilden, die nicht oder noch nicht die Mittel hatten, dies in ihrem Land zu tun. Die vermutlich weitaus wichtigste Institution aber war die *Sektion für internationale Verbindungen* (bekannt als OMS, der Abkürzung für ihren russischen Namen »Otdjel Meschdunarodnoj Swjasi«), deren Aufgabe es war, alle praktischen Probleme (Pässe, Deckidentitäten, Deckadressen usw.) zu lösen, welche sich mit der grenzüberschreitenden clandestinen Zirkulation von Menschen, Informationen, Direktiven, Geldern und Materialien (Propagandamaterialien und Waffen) stellten.

Die Verbindungen mit den nationalen Sektionen

Sie wurden sicherlich zum Teil durch die nationalen Delegationen gesichert, die oft in großer Anzahl – im allgemeinen einige

Wochen lang – zu den sehr langen Sitzungen des Plenums, zu den Weltkongressen und -konferenzen oder auf eine besondere Einladung der Exekutive zur Konsultation nach Moskau kamen, sowie durch die Delegierten, die für eine längere Zeit in Moskau ansässig waren, um hier politische oder technische Funktionen im zentralen Apparat zu erfüllen. Doch die Beziehungen des Zentrums zu den Sektionen waren durch die Existenz eines Netzes von Missi dominici noch wesentlich enger geknüpft, welche, von ihren Ursprungsparteien abgelöst, je nach den Erfordernissen einzeln oder zu mehreren, für einen bestimmten Zweck und einen von vornherein begrenzten Zeitraum oder für unbestimmte Zeit in die »Provinzen« geschickt wurden, um die lokalen Kader zu beraten, zu kontrollieren oder sie auch gegebenenfalls zu ersetzen.

Die parallelen Hierarchien

Die KI kontrollierte wie jede KP auf der nationalen Ebene *Massenorganisationen,* deren Zweck es entweder war, den verschiedenartigen Bedürfnissen der kommunistischen Gemeinschaft zu entsprechen, oder einzelne Kategorien von Mitgliedern durch besondere Verbindungen in der kommunistischen Bewegung zu situieren. Unter diesen Massenorganisationen lassen sich unterscheiden:

1. Die unmittelbaren Filialen der KI, die für die durch ihr Alter, ihr Geschlecht oder ihren Status definierte Kategorien bestimmt waren:
– für die Jugendlichen die *Kommunistische Internationale der Jugend* (oder *Kim*), deren Gründung unmittelbar auf die der KI folgte (Herbst 1919);
– für die Frauen organisierte das von Clara Zetkin geleitete *Internationale Frauensekretariat* 1920 die erste *Internationale Frauenkonferenz,* bei der in Moskau 20 Länder vertreten waren;
– für die Opfer politischer Unterdrückung wurde 1922 die *Rote Hilfe* geschaffen.

2. Besondere Organisationen für die Gewinnung breiter Arbeiter- und Bauernmassen für den Bolschewismus; hierher gehört die *Rote Gewerkschaftsinternationale* (oder *Profintern*) und die *Bauerninternationale* (oder *Krestintern*).

3. Organisationen mit dem Ziel, nichtproletarische Schichten für

die Unterstützung des oder Bündnisse mit dem Kommunismus zu gewinnen; so zum Beispiel die *Internationale des Geistes,* die in ersten Ansätzen schon während des Krieges in Paris von Schriftstellern wie Henri Barbusse und Raymond Lefèbvre konzipiert wurde.

Jeder Kommunist war gehalten, in einer oder in mehreren solcher Organisationen mitzuwirken, deren nationale Sektionen sich je nach den Gebräuchen des Landes und den Traditionen seiner Arbeiterbewegung unterschieden. Zum Beispiel waren im Jahre 1927 von den 92 691 Mitgliedern der tschechischen KP

45 575	Mitglieder	einer Gewerkschaft
23 670		der Roten Hilfe
27 320		einer Kooperative
16 160		einer Arbeitersport-Organisation
12 002		einer Atheistenorganisation
1 886		einer Organisation armer Bauern
2 382		einer Organisation von Kriegsinvaliden
2 294		einer Mieterorganisation
6 249		einer Feuerwehrgesellschaft
2 050		verschiedener Organisationen

Sicherlich waren alle Massenorganisationen in dem Sinne »unabhängig«, daß ihr Apparat von dem eigentlichen kommunistischen Apparat absolut getrennt war. Doch diese organisatorische Unabhängigkeit konnte sich keineswegs, jedenfalls bei den wichtigsten und am besten kontrollierten, in eine politische und ideologische Unabhängigkeit wandeln: So war die KIJ gehalten, das Programm der KI vollständig zu übernehmen, das heißt sie mußte eine Paraphrase mit einem Kommentar für die Arbeiterjugend herstellen: »Die Internationale der Jugend darf nichts anderes als eine Vermittlung zwischen dem Willen der Kommunistischen Internationale und den Massen der Arbeiterjugend der Welt sein. Das ist der zentrale und entscheidende Punkt.« Ebenso stand es mit der RGI, deren erster Kongreß im Juli 1921 stattfand: »Die Rote Gewerkschaftsinternationale muß eine gewisse Unabhängigkeit haben ... Aber das bedeutet nicht, daß wir zwei parallele Internationalen haben werden. Wenn sich zwei aufeinander eifersüchtige Internationalen bilden würden, wäre das eine große Gefahr. Eine gewisse Autonomie und eine verständliche Elastizität in der Organisation müssen dennoch bedingungslos darauf abzielen, daß die politische Führung bei der KI verbleibt.« Damit diese politische Führung sich unter allen Umständen auch in den Gewerkschaften durchsetzte, die sich gegen die Amsterdamer Internationale und für die RGI ausgesprochen hatten, beharrte die KI auf der Notwendigkeit, »kommunistische Fraktionen in den Gewerkschaften« zu konstituieren: »Die kommunistischen Mitglieder einer gewerkschaftlichen Organisation ... sind verpflichtet, eine Fraktion zu bilden und aktive Fraktionsarbeit zu leisten ... Die Kandidaten für alle Kongresse, Konferenzen usw. müssen von der Fraktion vorgeschlagen und von dem Leitungsorgan der Partei bestätigt werden.«

Die Männer der Komintern

Der Apparat der Komintern war keine abstrakte Maschinerie – es bedurfte der Menschen, damit er funktionierte. Sind die Pseudonyme, die für die Praktiken der Geheimhaltung oder der Arbeit im Untergrund erforderlich waren, erst einmal entschlüsselt, so erscheinen 700 Namen, wenn man die 257 Namen, die in den veröffentlichten Listen von Titelträgern oder Ersatzmännern der leitenden Organe der Internationale, die im Laufe der sieben aufeinander folgenden Kongresse gewählt wurden, mit den Namen jener zusammenstellt, die auf den Kongressen das Wort ergriffen oder in der Zeit von 1922 bis 1933 in die Vollversammlungen des EK delegiert wurden, sowie mit denen der Mitglieder des eigentlichen Apparates, der Arbeitssektionen, der technischen Dienste, mit denen der Führer der großen Parallelorganisationen und denen der Schüler der vier hauptsächlichen Kominternschulen. Ihre Nationalität, das Alter, in dem sie ihr Amt übernahmen, ihre gesellschaftliche und kulturelle Herkunft, ihr intellektueller und politischer Lebenslauf, die Art ihrer Heranziehung und Spezialisierung für internationale Aufgaben, ihr eventueller Bruch mit Moskau, all das sind Kriterien, die ein Licht auf den Typus des »Berufsrevolutionärs« werfen, in dem Lenin eine der besten Sicherungen für den Sieg des Sozialismus sah. Ihr Schicksal war häufig äußerst tragisch: Die Chefs einer großen Zahl europäischer KPen – der polnischen, jugoslawischen, ungarischen, baltischen, finnischen und rumänischen KP –, die sich als politische Emigranten in der UdSSR niedergelassen hatten, verschwanden bekanntlich während der großen Säuberungen Mitte der 30er Jahre: Durch die GPU kamen mehr Kader des Komintern zu Tode als durch die kapitalistische Polizei ganz Europas, einschließlich der Gestapo.

Redaktioneller Nachsatz

Aus Zweckmäßigkeitsgründen ist die deutsche Ausgabe in eine Reihe von Taschenbuchbänden aufgeteilt worden, von denen dieser – der zehnte – die Kapitel I und II des ersten Teiles von Band III der Originalausgabe enthält und die Entwicklung des Sozialismus der Jahre 1919 bis 1945 behandelt.

Im Gegensatz zur Originalausgabe sind die bibliographischen Anhänge zu den einzelnen Kapiteln am Ende eines jeden Taschenbuchbandes zusammengefaßt worden. Für diesen Band wurden die bibliographischen Ausgaben z. T. erheblich erweitert, wobei gelegentlich weniger wichtige französische Titel weggelassen wurden. Auf die Übernahme der kommentierenden Hinweise zu einzelnen Titeln in der Originalausgabe wurde dagegen verzichtet.

Bibliographie

I. III. Internationale

Bahne, S. (Hg.): Archives de Jules Humbert-Droz. Origines et débuts des partis communistes des pays latins 1919–1923, Amsterdam 1970.

Buber-Neumann, M.: Kriegsschauplätze der Weltrevolution. Ein Bericht aus der Praxis der Komintern 1919–1943, Stuttgart 1967.

Borkenau, F.: The Communist International, London 1938, Repr. u. d. T.: World Communism, Ann Arbor 1962.

Braunthal, J.: Geschichte der Internationale, Bd. 2, 2. Aufl. Berlin 1974.

Broué, P. (Hg.): Premier congrès de l'Internationale Communiste. Documents pour l'histoire de la IIIème Internationale, Paris 1974.

Broué, P.: La question chinoise dans l'Internationale Communiste, Paris 1965.

Carrère d'Encausse, H. – Schram, St. (Hg.): Le Marxisme et l'Asie 1853–1964, Paris 1965.

Cerruti, A.: Les deux T. (Thorez et Togliatti), Paris o.J.

Claudin, F.: La crise du mouvement communiste, 2 t., Paris 1972.

Cogniot, G.: L'Internationale communiste. Aperçu historique, Paris 1969.

Corvisieri, S. (Hg.): Il Biennio rosso 1919–1920 della Terza Internazionale, Milano 1970.

Degras, J.: The Communist International. 1919–1943. Documents, London 1956ff.

Desanti, D.: L'Internationale communiste, Paris 1970.

Deutscher, I.: Trotsky, 3 vols, New York, London 1954–1963.

Drachkovitch, M. M. (Hg.): The Revolutionary Internationals, 1864–1943, Stanford, Calif. 1966.

Drachkovitch, M. M. – Lazitch, B.: Lénine et la IIIème Internationale, Neuchâtel 1950.

Eichwede, W.: Revolution und internationale Politik. Zur kommunistischen Interpretation der kapitalistischen Welt 1921–1925, Köln 1971.

Freymond, J. (Hg.): Contributions à l'histoire du Comintern, Genève 1965.

Frank, P.: La Quatrième Internationale, Paris 1969.

Gankin, O. H. – Fisher, H. H.: The Bolsheviks and the World War. The origin of the Third International, 2. print, Stanford, Calif. 1960.

Gruber, H. (Hg.): International Communism in the era of Lenin, Greenwich 1967.

Hammond, Th. T.: Soviet foreign relations and world communism. A selected annotated bibliography of 7000 books in 30 languages, Princeton, N. J. 1965.

Hulse, J. W.: The Forming of the Communist International, Stanford, Calif. 1964.

Humbert-Droz, J.: »L'œil de Moscou« à Paris, Paris 1964.

Humbert-Droz, J.: La crise de croissance de l'Internationale communiste, in: Annali 9 (1967).

Humbert-Droz, J.: Mèmoires, 3 t., Neuchâtel 1969–1972.

James, C. L. R.: World Revolution, 1917–1936. The rise and fall of the Communist International, 1937, Repr. Westport, Conn. 1973.

Kabakciev, Ch.: Die Entstehung und Entwicklung der Komintern. Kurzer Abriß der Geschichte der Komintern, Hamburg 1929.

Kriegel, A.: Les Internationales ouvrières, 1864–1943, Paris 1964.

Kriegel, A.: La dissolution du Komintern, in: Revue d'histoire de la IIème guerre mondiale (1967), S. 33–43.

Kriegel, A.: Note sur le Krestintern, in: Le Mouvement Social 67 (1969).

Kriegel, A. – Haupt, G.: Les groupes communists étrangers en Russie et la Révolution mondiale (1917–1919). Etat des travaux, in: Revue d'Histoire Moderne et Contemporaine 10 (1964), S. 289–300.

Kuusinen, O. W.: Die internationale Lage und die Aufgaben der Sektionen der Kommunistischen Internationale, 1933, Repr. Milano 1967.

Lazitch, B.: Lénine et la IIIème Internationale, Neuchâtel 1950.

Lazitch, B.: Biographical dictionary of the Comintern, Stanford, Calif. 1973.

Lazitch, B. – Drachkovitch, M. M.: Lenin and the Comintern, Stanford, Calif. 1972.

Lazitch, B. – Drachkovitch, M. M. (Hg.): The Comintern: Historical highlights. Essays, recollections, documents, Stanford, Calif. 1966.

Lenin, W. I.: Über die kommunistische Internationale, Hrsg.: Inst. f. Marxismus-Leninismus beim ZK der SED, Berlin 1969.

Lenin, W. I.: Über die Aufgaben der III. Internationale, Neudr. Berlin 1972.

Milliardi, G.: L'Internazionale dei sindicati rossi (Profintern), 1917–1924, in: Annali 9 (1967), S. 325–347.

Nollau, G.: Die Internationale. Wurzeln und Erscheinungsformen des proletarischen Internationalismus, 2. Aufl. Köln 1961.

Nollau, G.: Die Komintern. Vom Internationalismus zur Diktatur Stalins, Bonn 1964.

Pirker, Th.: Utopie und Mythos der Weltrevolution. Zur Geschichte der Komintern 1920–1940, München 1964.

Ponomarev, B. N.: L'Internationale communiste (1919–1943), Art. in: La Grande Encyclopédie Soviétique, vol. 22, IIème èd., Paris 1955.

Poulantzas, N.: Faschismus und Diktatur (Facisme et dictature, dt.). Die Kommunistische Internationale und der Faschismus, München 1973.

Rosmer, A.: Moscou sous Lénine, Paris 1953.

Schlesinger, R.: Die Kolonialfrage in der Kommunistischen Internationale, Frankfurt a.M. 1970.

Sworakowski, W. S.: The Communist International and its front organisations. A research guide and checklist of holdings in American and European libraries, Stanford, Calif. 1965.

Tilak, K.: Rise and fall of the Comintern, Bombay 1947.

Togliatti, P.: Alcuni problemi della storia dell'Internazionale comunista, in: Rinascita 16 (1959), S. 467–481.

Trotzky, L. D.: The first five years of the Communist International, 2 vols, New York 1945–1953.

Trotzky, L. D.: L'Internationale communiste après Lénine ou le grand organisateur des défaites, (aus d. Russ.), 2 t., Paris 1969.

Trotzky, L. D.: Die internationale Revolution und die Kommunistische Internationale, hg. v. H. Weber, Berlin 1929.

Weber, H. (Hg.): Die Kommunistische Internationale. Eine Dokumentation, Hannover 1966.

Wegmüller, J.: Das Experiment der Volksfront. Untersuchungen zur Taktik der Kommunistischen Internationale der Jahre 1934–1938, Bern, Frankfurt 1972.

II. UdSSR

Eine Geschichte des Sozialismus in der UdSSR nach 1917 ist untrennbar mit der Geschichte der UdSSR selbst verknüpft; denn kein Bereich der politischen Entwicklung läßt sich ohne Berücksichtigung des sozialistischen Aufbaus betrachten. Es gibt eine ungeheure Menge an ungedruckten Dokumenten, an Untersuchungen, Artikeln und Essays, von denen eine große Zahl, die erst später erschienen sind, sehr unterschiedliche Erklärungsmuster anbieten. Auf Vollständigkeit muß hier jedoch verzichtet werden. Die vorliegende Bibliographie enthält nur eine Auswahl von Arbeiten der bekanntesten Autoren.

1. Handbücher und allgemeine Literatur

Carrère d'Encausse, H.: L'Union Soviétique de Lénine à Staline. 1917–1953, Paris 1972.
Elleinstein, J.: Histoire de l'URSS, 4 vols., Paris 1972–1975.
Elleinstein, J.: Histoire du phénomène stalinien, Paris 1975.
Girault, R. – Ferro, M.: De la Russie à l'URSS., histoire de la Russie de 1850 à nos jours, Paris 1974.
Laran, M.: Russie – URSS. 1870–1970, Paris 1973.

2. Quellen

Boukharine, N.: Le socialisme dans un seul pays, Paris 1974.
Boukharine, N. – Kamenew, L. – Preobrajinski, E.: La question paysanne en URSS (1924–1929), Paris 1973.
Bucharin, N. – Preobraženski, E.: Das ABC des Kommunismus. (Azbuka kommunizma, dt.). 3. Aufl. St. Petersburg, Hamburg 1923.
Lenin, W. I.: Werke. Hrsg. auf Beschluß des 9. Parteitages der KPR –B– und des 2. Sowjetkongresses der UdSSR. Deutsche Ausgabe auf Beschluß des ZK der SED, Berlin 1956ff.
Preobrajinski, E.: Die neue Ökonomik (Novaja Ekonomika, dt.), Übers. d. 2., erw. russ. Ausg. (2. Aufl.) Berlin 1973.
Šlapnikov, A.: Die russischen Gewerkschaften, Leipzig 1920.
Stalin, J. V.: Werke. Deutsche Übers. Marx-Engels-Lenin-Inst. beim Parteivorstand der SED, Berlin 1972ff.

Stalin, J. V.: Ökonomische Probleme des Sozialismus in der UdSSR, 7. Aufl. Berlin 1958.
Staline contre Trotzky 1924: la révolution permanente et le socialisme en un seul pays. Textes de L. Trotzky, N. Boukharine, G. Zinoviev, J. Staline, Paris 1965.
Trockij, L. D.: Der Charakter der russischen Revolution, Wien 1921.
Trotzky, L. D.: Cours nouveau, Paris 1963.

3. Monographien zu einzelnen Themen

Anweiler, O.: Die Rätebewegung in Rußland 1905–1921, Leiden 1958.
Anweiler, O.: Geschichte der Schule und Pädagogik in Rußland. Vom Ende des Zarenreichs bis zum Beginn der Stalin-Ära, Heidelberg 1964.
Armstrong, J. A.: The Soviet bureaucratic Elite. A case study of the Ukrainian apparatus, London, New York 1959.
Avrich, P.: The Russian Anarchists, Princeton, N.J. 1967.
Avrich, P.: Kronstadt, 1921, Princeton, N.J. 1970.
Bettelheim, Ch.: L'économie soviétique, Paris 1950.
Bettelheim, Ch.: Die Klassenkämpfe in der UdSSR. (Les luttes des classes en URSS, dt.), Bd. 1: 1917–1923, Berlin 1975.
Bobrowski, C.: Formation du système soviétique de planification, Paris, La Haye 1956.
Carr, E. H.: The History of Soviet Russia, 8 vols, London 1950–1971.
Carr, E. H.: Socialism in one country 1924–1926, 3 vols, London 1958.
Carr, E. H. – Davies, R. W.: Foundation of a planned economy 1926–29, 2 vols, London 1969–1971.
Chambre, H.: Le marxisme en Union Soviétique, idéologie et institutions, leur évolution de 1927 à nos jours, Paris 1955.
Daniels, R. V.: Das Gewissen der Revolution (The Conscience of the revolutions, dt.). Kommunistische Opposition in Sowjetrußland, Köln 1962.
David, R. – Hazard, J. N.: Le droit soviétique, 2 vols, Paris 1954.
Deutscher, I.: Soviet Trade Unions. Their place in Soviet labour policy, London 1950.

Deutscher, I.: Stalin (Stalin, a political biography, dt.). Eine politische Biographie, Stuttgart 1962.

Eliasberg, G. J.: Historische Grundlagen der kommunistischen Internationale (Der Traum von der Weltrevolution). Das sozialistische Erbe des Westens. Das revolutionäre Erbe des Ostens, Berlin 1949.

Erlich, A.: Die Industrialisierungsdebatte in der Sowjetunion 1924–1928 (The Soviet industrialization debate 1924–1928, dt.), Frankfurt a. M. 1971.

Sainsod, M.: Wie Rußland regiert wird (How Russia is ruled, dt.), Köln 1965.

Fainsod, M.: Smolensk under Soviet rule, Cambridge, Mass. 1958.

Ferro, M.: La révolution russe de 1917, Paris 1967.

Flechtheim, O. K.: Bolschewismus 1917–1967. Von der Weltrevolution zum Sowjetimperium, Wien 1967.

Garvi, P. A.: Les syndicats professionnels en Russie 1917–1921, New York 1958.

Gaucher, R.: L'opposition en URSS, 1917–1967, Paris 1967.

Haupt G. – Marie, J. J.: Les Bolcheviks par eux-mêmes, Paris 1969.

Jasny N.: The socialized agriculture of the USSR, Stanford, Calif. 1949.

Jasny, N.: Soviet industrialization 1928–1952, Chicago 1961.

Jedrika, Z.: L'école unique du travail en Russie et en URSS 1917 bis 1927, in: Annuaire de L'URSS, CNRS, Paris 1966.

Kerblay, B.: Les marchés paysans en URSS, Paris, La Haye 1968.

Lewin, M.: La paysannerie et le pouvoir soviétique 1928–1930, Paris, La Haye 1966.

Lewin, M.: Le dernier combat de Lénine, Paris 1967.

Lorenz, R.: Anfänge der bolschewistischen Industriepolitik, Köln 1965.

Marcuse, H.: Die Gesellschaftslehre des sowjetischen Marxismus (Soviet-Marxism: A critical analysis, dt.), Neuwied, Berlin 1964.

Moore, B.: Soviet Politics; the dilemma of power, 3. print, Cambridge, Mass. 1956.

Mouskheli, M. – Jedryka, Z.: Le gouvernement de l'URSS, Paris 1961.

Nolde, B. E.: Lenins Räte-Republik (Le Règne de Lénine, dt.). Ein Beitrag zur Geschichte der politischen und wirtschaftlichen Ent-

wicklung im neuen Rußland, Berlin 1920.
Nove, A.: An economic History of the USSR, 2. print., Harmondsworth 1972.
Nove, A.: Die sowjetische Wirtschaft (The Soviet Economy, dt.), Wiesbaden 1962.
Polyakov, Y.: Transformation of the social structure in the USSR, Actes du XIIe Congrès International de Sciences Historiques, Moscou 1970.
Prokopovitch, S. N.: Histoire économique de l'URSS, Paris 1952.
Prucha, M. – Thomas, R.: Marx und die Folgen. Studien zur Rezeptionsgeschichte des Marxschen Denkens, Mainz 1974.
Rauch, G. v.: Geschichte des bolschewistischen Rußland, 3. Aufl. Wiesbaden 1965.
Rosenberg, A.: Geschichte des Bolschewismus, Frankfurt a.M. 1966.
Roy, M. N.: The Russian Revolution, Calcutta 1949.
Russell, B.: Bolshevism. Practice and theory, 1920, Repr. New York 1972.
Schapiro, L.: Die Geschichte der Kommunistischen Partei der Sowjetunion (The Communist Party of the Soviet Union, dt.), Frankfurt a.M. 1969.
Schapiro, L.: The Origin of the communist autocracy. Political opposition in the Soviet state. First phase 1917–1922, Repr. London 1966.
Schapiro, L.: Arbeiterklasse und Arbeitspolitik in der Sowjet-Union (Labor in the Soviet Union, dt.), Hamburg 1953.
Seydewitz, M.: Stalin oder Trotzki. Die UdSSR und der Trotzkismus. Eine zeitgeschichtliche Untersuchung, London 1938.
Serge, V.: Beruf: Revolutionär (Mémoires d'un revolutionnaire, dt.). Erinnerungen 1901–1917–1941, Frankfurt a.M. 1967.
Serge, V.: Destin d'une révolution, Paris 1937.
Seton-Watson, H.: From Lenin to Malenkov, 3. print, New York 1954.
Skirda, A.: Les anarchistes dans la Révolution russe, Paris 1973.
Sorlin, P.: La société soviétique, Paris 1964.
Thorndike, A. – Thorndike, A.: Das russische Wunder. Bilder, Geschichten, Dokumente vom Werden des ersten Landes des Kommunismus, Berlin 1962.
Voline: La révolution inconnue, Paris 1972.

Zinovev, G. E.: Les questions les plus pressantes du mouvement ouvrier international, 1920, Repr. Milano 1967.
Wagenlehner, G.: Staat und Kommunismus. Lenins Entscheidung gegen die kommunistische Gesellschaft, Stuttgart 1970.

Personenregister

Michail Bachtin

(Valentin N. Vološinov)

Marxismus und Sprachphilosophie

Ullstein Buch 3121

Herausgegeben und eingeleitet von Samuel M. Weber

ein Ullstein Buch

Bachtins Buch nannte Roman Jakobson »eine der wichtigsten internationalen Veröffentlichungen der letzten fünfzig Jahre auf dem Gebiet der linguistischen und semiotischen Theorie und Analyse der Rede«.
Das Werk besteht aus drei Teilen, deren Inhalt durch die Titel angedeutet wird:
I. Die Sprachphilosophie und ihre Bedeutung für den Marxismus. II. Einführung in eine marxistische Sprachphilosophie. III. Probleme einer Geschichte der Redeform in Sprachstruktionen.

Geschichte der Philosophie

Herausgegeben von
François Châtelet

ein Ullstein Buch

Band I
Die heidnische Philosophie
Ullstein Buch 2991

Band II
Die Philosophie des Mittelalters
Ullstein Buch 3014

Band III
Die Philosophie der Neuzeit
Ullstein Buch 3040

Band IV
Die Aufklärung
Ullstein Buch 3063

Band V
Philosophie und Geschichte
Ullstein Buch 3084

Band VI
Die Philosophie im Zeitalter von Industrie und Wissenschaft
Ullstein Buch 3112

Band VII
Die Philosophie der Sozialwissenschaften
Ullstein Buch 3135

Band VIII
Das XX. Jahrhundert
Ullstein Buch 3170

Jean Jaurès

Die Ursprünge des Sozialismus in Deutschland

Mit einem Vorwort von Lucien Goldmann

Ullstein Buch 3049

ein Ullstein Buch

Jean Jaurès, französischer Sozialist, schrieb 1891 seine Dissertation, die hiermit erstmals in deutscher Sprache vorgelegt wird. Jaurès greift ein Problem auf, das zu den bedeutendsten philosophischen Themen des sozialistischen Denkens gehört: »Kant, Fichte, Lasalle *oder* Hegel und Marx; Moral *oder* dialektische Philosophie der Geschichte; distributive Gerechtigkeit *oder* Gemeinschaft« wie es Lucien Goldmann formuliert.

Geschichte des Sozialismus

Herausgegeben von
Jacques Droz

Band I
Das utopische Denken bis zur industriellen Revolution
Ullstein Buch 3093

Band II
Der utopische Sozialismus bis 1848
Ullstein Buch 3107

Band III
Sozialismus und Arbeiterbewegung bis zum Ende der I. Internationale
Ullstein Buch 3122

Band IV
Die sozialistischen Parteien Europas: Deutschland, Österreich-Ungarn, Skandinavien, Niederlande
Ullstein Buch 3143

Band V
Die sozialistischen Parteien Europas: Frankreich
Ullstein Buch 3169

Band VI
Die sozialistischen Parteien Europas: Italien, Spanien, Belgien, Schweiz
Ullstein Buch 3190

Band VII
Die sozialistischen Parteien Europas: Großbritannien, Rußland, Balkanländer
Ullstein Buch 3206

Band VIII
Der Sozialismus in Amerika, Asien, Afrika
Ullstein Buch 3226

Band IX
Sozialismus, Zweite Internationale und Erster Weltkrieg
Ullstein Buch 3245

Band X
Die sowjetische Welt
Ullstein Buch 3341

ein Ullstein Buch